# Deutschland in der Krise: Ein Plan für die Rettung

Deutschland ist ein Land mit einer beeindruckenden Geschichte des Aufstiegs und der Widerstandskraft. Nach der Zerstörung des Zweiten Weltkriegs schuf es sich in nur wenigen Jahrzehnten eine Wirtschaft, die weltweit ihresgleichen suchte. Mit Fleiß, Disziplin und Innovation entwickelte sich das Land zu einer stabilen Demokratie und einer der führenden Industrienationen. Dieses Bild eines wohlhabenden, stabilen und verantwortungsvollen Deutschlands prägt bis heute das Selbstverständnis des Landes. Doch was geschieht, wenn die Säulen dieses Erfolgsmodells ins Wanken geraten? Was passiert, wenn die Gewissheiten der Vergangenheit sich in der Gegenwart als trügerisch erweisen? Genau an diesem Punkt befindet sich Deutschland heute.

Auf den ersten Blick scheint vieles unverändert. Deutschlands Wohlstand ist nach wie vor groß, die Lebensqualität hoch, und das Land verfügt über ein solides politisches System, das international oft als vorbildlich angesehen wird. Doch hinter dieser Fassade tun sich Risse auf, die in ihrer Summe ein beunruhigendes Bild zeichnen. Der wirtschaftliche Motor, der das Land jahrzehntelang angetrieben hat, läuft nicht mehr rund. In vielen Branchen droht

Deutschland den Anschluss zu verlieren – sei es in der Automobilindustrie, im Maschinenbau oder in der Energieversorgung. Gleichzeitig erodieren soziale Errungenschaften, und die Kluft zwischen Arm und Reich wächst. Politisch scheint das Land in einem Zustand des Stillstands gefangen. Wo mutige Entscheidungen gefragt wären, dominiert ein Beharren auf dem Altbekannten. Und in der Gesellschaft machen sich zunehmend Resignation und Zukunftsangst breit.

Die wirtschaftlichen Probleme Deutschlands sind keine kurzfristigen Phänomene, sondern das Ergebnis jahrzehntelanger Versäumnisse. Lange Zeit konnte sich das Land auf seine industrielle Stärke verlassen, die vor allem durch den Export von hochqualitativen Produkten getragen wurde. Doch in einer globalisierten Welt, die immer schneller neue Technologien hervorbringt, hat dieses Modell seine Grenzen erreicht. Deutschland hat zu lange darauf vertraut, dass der Erfolg von gestern auch morgen noch ausreicht. Der Übergang zu einer digitalen und nachhaltigeren Wirtschaft wurde verschleppt, und der Glaube, dass Innovationen von allein entstehen, hat sich als fatal erwiesen. Länder wie die USA und China haben gezeigt, wie wichtig es ist, gezielt in neue Technologien zu investieren und bürokratische Hindernisse abzubauen. In Deutschland hingegen scheitern viele Ideen an starren Strukturen, langwierigen Entscheidungsprozessen und einem tief verwurzelten Misstrauen gegenüber dem Risiko.

Auch die demografischen Veränderungen stellen das Land vor gewaltige Herausforderungen. Die deutsche Gesellschaft altert, und mit ihr schrumpft die Zahl der Menschen im erwerbsfähigen Alter. Dieser Wandel hat weitreichende Folgen: Die Sozialsysteme stehen unter immer größerem Druck, da immer weniger Beitragszahler auf immer mehr Rentner kommen. Gleichzeitig fehlen in vielen Branchen Fachkräfte, was die wirtschaftliche Entwicklung zusätzlich hemmt. Obwohl diese Entwicklung seit Jahrzehnten absehbar ist, hat es die Politik versäumt, rechtzeitig Gegenmaßnahmen zu ergreifen. Stattdessen wurde das Problem immer wieder aufgeschoben, in der Hoffnung, dass sich die Lage von allein entschärfen würde. Doch nun lässt sich das Unausweichliche nicht länger ignorieren.

Die politischen Herausforderungen, vor denen Deutschland steht, sind nicht weniger drängend. Die etablierten Parteien verlieren zunehmend das Vertrauen der Bevölkerung, während populistische Strömungen Zulauf gewinnen. Diese Entwicklung ist kein rein deutsches Phänomen, sondern ein globaler Trend, der jedoch in Deutschland besonders besorgniserregend ist. Lange Zeit galt die deutsche Demokratie als stabil und widerstandsfähig, doch heute zeigen sich Risse in diesem Fundament. Der politische Diskurs ist polarisiert, und viele Bürger fühlen sich von den Entscheidungsträgern nicht mehr vertreten. Hinzu kommt eine überbordende Bürokratie, die nicht nur Innovationen hemmt, sondern auch die Effizienz der politischen Arbeit massiv beeinträchtigt. Deutschland, das einst für seine pragmatischen Lösungen bekannt war, wirkt heute oft wie ein Land der verpassten Chancen und des lähmenden Stillstands.

Diese Entwicklungen sind kein Zufall. Sie sind das Ergebnis einer tief verwurzelten Kultur des Zögerns und der Angst vor Veränderung. Deutschland hat sich in der Vergangenheit oft durch seinen Perfektionismus ausgezeichnet, doch in einer Welt, die von Unsicherheit und schnellen Veränderungen geprägt ist, kann genau diese Eigenschaft zu einem Hindernis werden. Anstatt mutig neue Wege zu gehen, hält das Land an alten Strukturen fest und scheut sich davor, Risiken einzugehen. Dieses Verhalten hat historische Wurzeln. Nach den traumatischen Erfahrungen des 20. Jahrhunderts entwickelte sich ein tiefes Bedürfnis nach Stabilität und Sicherheit. Doch heute, im 21. Jahrhundert, braucht es genau das Gegenteil: den Mut,

Unsicherheiten zu akzeptieren und proaktiv mit ihnen umzugehen.

Dieses Buch hat das Ziel, diese Zusammenhänge offenzulegen und gleichzeitig Perspektiven aufzuzeigen, wie Deutschland die Weichen für eine bessere Zukunft stellen kann. Es wird nicht ausreichen, die bestehenden Probleme nur zu verwalten oder kosmetische Änderungen vorzunehmen. Was wir brauchen, ist ein tiefgreifender Wandel, der alle Bereiche umfasst – von der Wirtschaft über die Politik bis hin zur Gesellschaft. Dabei geht es nicht darum, die Vergangenheit zu verteufeln, sondern aus ihr zu lernen. Deutschland hat in der Vergangenheit bewiesen, dass es in der Lage ist, Krisen zu überwinden und gestärkt aus ihnen hervorzugehen. Doch dieser Prozess erfordert Entschlossenheit, Kreativität und den Willen, alte Gewissheiten infrage zu stellen.

In den kommenden Kapiteln werden die zentralen Herausforderungen und Lösungsansätze detailliert behandelt. Der erste Teil des Buches widmet sich der wirtschaftlichen Lage, beleuchtet die strukturellen Probleme und zeigt auf, wie ein neues Wirtschaftsmodell aussehen könnte. Der zweite Teil analysiert die politischen Hindernisse und fragt, wie das politische System reformiert werden kann, um wieder handlungsfähiger zu werden. Im dritten Teil werfen wir einen Blick auf die historischen und kulturellen Wurzeln der aktuellen Probleme, um besser zu verstehen, wie es so weit kommen konnte. Abschließend skizzieren wir in Teil vier eine Vision für ein Deutschland, das nicht nur die Herausforderungen der Gegenwart meistert, sondern auch eine führende Rolle in der Gestaltung der Zukunft einnimmt.

Deutschland steht heute vor einer der größten Prüfungen seiner modernen Geschichte. Während viele andere Länder längst begonnen haben, sich den Herausforderungen des 21. Jahrhunderts anzupassen, scheint Deutschland in einem Zustand der Unsicherheit gefangen. Es ist, als würde das Land auf einer Weggabelung stehen, unsicher, welchen Pfad es einschlagen soll. Doch die Zeit drängt. Die globale Entwicklung wartet nicht, und jeder Moment des Zögerns verstärkt die Risiken, die mit dem Stillstand einhergehen. Ein Land, das auf seine Vergangenheit vertraut und gleichzeitig die Zukunft fürchtet, wird am Ende in beidem scheitern. Deshalb ist es notwendig, die Dinge klar zu benennen und den Mut aufzubringen, überfällige Reformen anzustoßen. Es geht nicht nur um Politik oder Wirtschaft – es geht um die Identität eines Landes und um die Frage, wie es sich in einer Welt voller Unsicherheiten behaupten will.

Die Themen, die in diesem Buch behandelt werden, sind komplex, aber sie berühren uns alle. Was bedeutet es, in einem Land zu leben, das wirtschaftlich stagnieren könnte? Was geschieht mit einer Gesellschaft, die sich in zunehmende Gruppen und Lager aufspaltet, unfähig, einen gemeinsamen Nenner zu finden? Und welche Verantwortung trägt Deutschland in einer Welt, die von Klimakrise, geopolitischen Spannungen und technologischen Umwälzungen geprägt ist? Dies sind keine theoretischen Fragen, sondern ganz praktische, die unser tägliches Leben und die Lebensbedingungen zukünftiger Generationen beeinflussen werden.

Die Aufgabe, die vor uns liegt, erfordert einen Dreiklang aus kritischer Reflexion, kreativen Ideen und entschlossenem Handeln. Reflexion bedeutet, die Vergangenheit zu analysieren und die Ursachen unserer gegenwärtigen Lage ehrlich zu benennen. Kreative Ideen sind notwendig, weil die alten Antworten nicht mehr ausreichen. Und entschlossenes Handeln ist der Schlüssel, um die notwendige Dynamik zu entfalten. Wenn wir all dies miteinander verbinden, kann Deutschland nicht nur seine eigenen Probleme überwinden, sondern auch als Vorbild für andere Länder dienen. Es gibt keinen Grund, warum ein Land mit so viel Potenzial, mit so vielen Ressourcen und mit so viel Wissen in der Mittelmäßigkeit verharren sollte.

Das Buch, das Sie in den Händen halten, ist mehr als nur eine Analyse. Es ist eine Einladung, gemeinsam über die Zukunft Deutschlands nachzudenken. Jeder von uns hat eine Rolle in diesem Prozess. Egal, ob Sie Unternehmer*in*, *Arbeitnehmer*in, Studierende*r*, *Politiker*in oder Rentner*in sind – Ihre Perspektive zählt. Die Herausforderungen, vor denen wir stehen, können nur durch Zusammenarbeit gemeistert werden. Kein Einzelner, keine Institution und keine Partei allein können die Antworten liefern, die wir brauchen. Aber wenn wir uns zusammentun, können wir die notwendigen Veränderungen herbeiführen.

Es gibt viele Gründe, optimistisch zu sein. Deutschland hat sich schon oft als widerstandsfähig erwiesen, selbst in Zeiten größter Not. Der Wiederaufbau nach dem Zweiten Weltkrieg, die Wiedervereinigung und die Überwindung der Finanzkrise zeigen, dass dieses Land die Fähigkeit hat, aus Krisen gestärkt hervorzugehen. Doch diese Erfolge waren nie selbstverständlich. Sie erforderten Mut, harte Arbeit und den Willen, neue Wege zu gehen. Heute stehen wir vor einer ähnlichen

Herausforderung – und auch dieses Mal liegt es an uns, den Kurs zu bestimmen.

Die kommenden Kapitel werden nicht nur aufzeigen, was falsch läuft, sondern auch Lösungsansätze bieten. Sie sollen inspirieren, zum Nachdenken anregen und dazu ermutigen, aktiv zu werden. Denn am Ende liegt die Verantwortung für die Zukunft Deutschlands bei uns allen. Es ist Zeit, den Stillstand zu überwinden, die Ärmel hochzukrempeln und zu zeigen, dass dieses Land mehr kann, als nur auf vergangene Erfolge zu blicken. Die Zukunft wartet auf uns – es liegt an uns, sie zu gestalten.

Die Aufgabe ist gewaltig, doch die Chancen sind es auch. Deutschland hat alle Voraussetzungen, um die aktuellen Krisen zu bewältigen und gestärkt daraus hervorzugehen. Doch dafür braucht es Mut, Tatkraft und eine klare Vision. Dieses Buch ist ein Aufruf, genau diese Vision zu entwickeln und in die Tat umzusetzen.

Deutschland, das Land der Dichter, Denker und Ingenieure, hat nach dem Zweiten Weltkrieg eine der beeindruckendsten wirtschaftlichen Erfolgsgeschichten der modernen Geschichte geschrieben. Mit einer Wirtschaft, die auf Innovation, Qualität und Exportstärke basiert, gelang es der Bundesrepublik, nicht nur Europa anzuführen, sondern auch weltweit Respekt zu erlangen. Das Label „Made in Germany" wurde zum Synonym für Exzellenz. Doch dieser Erfolg hat eine Kehrseite. Was einst als Stärke galt, zeigt heute erhebliche Schwächen. Das Wirtschaftsmodell, das den Wohlstand des Landes jahrzehntelang sicherte, erweist sich zunehmend als überholt in einer Welt, die sich radikal verändert.

Um die Ursachen der aktuellen Krise zu verstehen, muss man in die Geschichte blicken. Nach dem Krieg gelang es Deutschland, durch das sogenannte Wirtschaftswunder eine stabile und erfolgreiche Industrie aufzubauen. Das Exportmodell, bei dem hochwertige Waren in die ganze Welt verkauft wurden, beruhte auf einer einfachen, aber effektiven Logik: Produkte mit höchster Präzision und Qualität zu entwickeln, für die Kunden bereit waren, einen hohen Preis zu zahlen. Dieses Modell funktionierte besonders gut in den klassischen Industrien – Automobil, Maschinenbau und Chemie –, die weltweit führend wurden. Doch die Weltwirtschaft hat sich seitdem stark verändert. Während Deutschland weiterhin auf traditionelle Stärken setzt, haben andere Länder längst erkannt, dass die Zukunft in der Digitalisierung, im Klimaschutz und in der künstlichen Intelligenz liegt.

Die Automobilbranche ist ein bezeichnendes Beispiel für die Probleme, die aus diesem Festhalten an alten Erfolgsmodellen resultieren. Jahrzehntelang waren Hersteller wie Volkswagen, Mercedes-Benz und BMW die Aushängeschilder der deutschen Wirtschaft. Doch die Branche, die einst von Verbrennungsmotoren dominiert wurde, steht vor einem fundamentalen Wandel. Elektrofahrzeuge, autonomes Fahren und Software sind die Zukunft der Mobilität. Während Tesla, BYD und andere Konkurrenten diese Trends frühzeitig erkannten und Milliarden in Forschung und Entwicklung investierten, hinken deutsche Hersteller hinterher. Volkswagen kündigte zwar große Investitionen in die Elektromobilität an, doch die Umsetzung gestaltet sich schleppend. Laut einer Studie des Center of Automotive Management liegt Deutschland in der

Entwicklung autonomer Fahrzeuge mittlerweile nicht nur hinter den USA, sondern auch hinter China zurück. Das Resultat: deutsche Hersteller verlieren Marktanteile und drohen, ihre globale Führungsposition einzubüßen.

Die Politik hat diesen Strukturwandel jahrelang verschlafen. Statt Anreize für Innovationen zu schaffen, wurde die Automobilbranche lange Zeit durch Subventionen für Verbrennungsmotoren gestützt. Politiker wie Horst Seehofer verteidigten noch 2019 den Diesel als „unumgängliche Technologie", während andere Länder längst entschieden hatten, den Verkauf von Verbrennern bis 2030 einzustellen. Diese kurzsichtige Politik hat nicht nur den technologischen Rückstand verstärkt, sondern auch Deutschlands Glaubwürdigkeit in der Klimapolitik geschwächt.

Auch die Energiepolitik ist ein Paradebeispiel für politisches Versagen. Der beschleunigte Atomausstieg nach Fukushima wurde unter großem öffentlichem Druck beschlossen, ohne dass eine tragfähige Alternative zur Sicherung der Energieversorgung entwickelt wurde. Stattdessen stieg die Abhängigkeit von russischem Gas massiv an. Als Wladimir Putins Russland 2022 die Lieferungen reduzierte, stand Deutschland vor einer Energiekrise, die nicht nur zu explodierenden Preisen führte, sondern auch die Wettbewerbsfähigkeit vieler Unternehmen gefährdete. Die Politik der letzten Jahrzehnte wird nun als kurzsichtig entlarvt. Während Länder wie Frankreich mit ihrer Kernenergiepolitik weitgehend unbeschadet durch die Krise kamen, musste Deutschland hektisch LNG-Terminals bauen und Kohlekraftwerke reaktivieren – Maßnahmen, die nicht nur teuer, sondern auch umweltpolitisch problematisch sind.

Die mangelnde Investition in erneuerbare Energien zeigt sich ebenso drastisch. Wind- und Solarenergie wurden zwar massiv ausgebaut, doch die Geschwindigkeit reichte bei weitem nicht aus, um den steigenden Energiebedarf zu decken. Genehmigungsverfahren für Windkraftanlagen dauern in Deutschland im Durchschnitt über fünf Jahre – ein Bürokratiemonster, das in Zeiten des Klimawandels kaum zu rechtfertigen ist. Ein Vergleich mit Dänemark, wo solche Genehmigungen oft innerhalb weniger Monate erteilt werden, zeigt, wie stark Deutschland durch seine bürokratischen Strukturen behindert wird.

Nicht weniger dramatisch ist die Lage im Bereich der Digitalisierung. Während Länder wie Südkorea oder die USA längst erkannt haben, dass die Zukunft in der

Technologie liegt, kämpft Deutschland noch immer mit dem Ausbau eines flächendeckenden Breitbandnetzes. Selbst in wirtschaftlich starken Regionen wie Bayern gibt es immer noch zahlreiche Gebiete, in denen kein schnelles Internet verfügbar ist. Ein konkretes Beispiel ist die Stadt Augsburg, in der Unternehmen wiederholt beklagen, dass sie durch die mangelhafte digitale Infrastruktur Aufträge verlieren. Währenddessen investieren Tech-Giganten wie Google, Apple oder Alibaba in künstliche Intelligenz, Cloud-Computing und Blockchain-Technologien, wodurch sie globale Standards setzen. Deutschland hingegen diskutiert immer noch über Grundsatzfragen, während es den Anschluss verliert.

Die Versäumnisse in der Digitalisierung sind auch im Bildungssystem sichtbar. Deutsche Schulen und Universitäten sind erschreckend schlecht auf die Anforderungen des digitalen Zeitalters vorbereitet. Während Länder wie Estland digitale Kompetenzen bereits in den Grundschulen lehren, gibt es in Deutschland noch immer Schulen ohne ausreichende WLAN-Abdeckung. Ein Beispiel hierfür ist die Stadt Hagen in Nordrhein-Westfalen, wo eine Schule kürzlich gezwungen war, den digitalen Unterricht einzustellen, weil die veralteten Systeme wiederholt zusammenbrachen. Diese Defizite haben weitreichende Konsequenzen: Eine Generation von

Schülerinnen und Schülern wächst heran, die nicht auf die Anforderungen des globalen Arbeitsmarktes vorbereitet ist.

Ein weiteres strukturelles Problem ist der demografische Wandel. Die Zahl der erwerbsfähigen Menschen in Deutschland sinkt kontinuierlich, während die Zahl der Rentner stetig steigt. Der Druck auf die Sozialsysteme nimmt zu, und gleichzeitig verschärft sich der Fachkräftemangel. Doch anstatt proaktiv zu handeln, hat die Politik jahrelang zugesehen. Einwanderung könnte eine Lösung sein, doch Deutschland macht es hochqualifizierten Fachkräften schwer, ins Land zu kommen. Bürokratische Hürden, mangelnde Anerkennung ausländischer Abschlüsse und ein oft unattraktives gesellschaftliches Klima führen dazu, dass viele Talente lieber in die USA, Kanada oder Australien gehen.

Die Liste der politischen Versäumnisse ist lang, doch sie zeigt vor allem eines: Der Zustand, in dem sich Deutschland heute befindet, ist kein Zufall. Es ist das Ergebnis einer Politik, die über Jahre hinweg kurzfristig gedacht, notwendige Reformen verschleppt und auf den Status quo vertraut hat. Die Kosten dieses Stillstands sind enorm – nicht nur in wirtschaftlicher Hinsicht, sondern auch gesellschaftlich. Deutschland droht, seine Innovationskraft, seinen Wohlstand und seine globale Rolle zu verlieren.

Es ist höchste Zeit für einen radikalen Kurswechsel. Doch dieser erfordert Mut, Weitsicht und die Bereitschaft, auch unbequeme Entscheidungen zu treffen. Die kommenden Kapitel dieses Buches werden zeigen, wie ein solcher Wandel aussehen könnte – und warum er dringend notwendig ist.

Nach dem Zweiten Weltkrieg war Deutschland ein Land in Trümmern. Millionen Menschen waren obdachlos, die Städte durch Bombardierungen zerstört, die Wirtschaft völlig zusammengebrochen. Fabriken, Verkehrswege und ganze Industriezweige lagen brach. Hunger und Verzweiflung prägten den Alltag. Es schien unvorstellbar, dass dieses Land in weniger als zwei Jahrzehnten zu einer der stärksten Wirtschaftsmächte der Welt aufsteigen würde. Doch genau das geschah – und dieses sogenannte Wirtschaftswunder wurde zu einer der prägendsten Episoden der modernen deutschen Geschichte.

Die Ausgangssituation war verheerend. Nach dem Zusammenbruch des Dritten Reichs standen die Besatzungsmächte vor der Aufgabe, ein funktionierendes Wirtschaftssystem wiederherzustellen. Im Westen Deutschlands geschah dies unter der Ägide der Vereinigten Staaten, Großbritanniens und Frankreichs, die nicht nur den Wiederaufbau förderten, sondern auch politisch und wirtschaftlich Einfluss nahmen. Der Marshallplan war eine der zentralen Säulen dieser Bemühungen. Mit Milliarden Dollar an Finanz- und

Sachhilfen wurden Infrastrukturprojekte finanziert, Industrien wiederbelebt und der Handel gestärkt. Doch der Marshallplan allein hätte nicht ausgereicht. Die Weichen für den wirtschaftlichen Erfolg wurden durch die Einführung der Sozialen Marktwirtschaft gestellt, die Ludwig Erhard, der spätere Wirtschaftsminister und Kanzler, maßgeblich prägte.

Die Soziale Marktwirtschaft verband die Prinzipien der freien Marktwirtschaft mit sozialer Verantwortung. Der Staat schuf die Rahmenbedingungen für Wettbewerb und Innovation, griff jedoch dort ein, wo die Marktdynamik zu Ungleichheiten führte. Dieses Konzept war revolutionär und erwies sich als ausgesprochen erfolgreich. Mit der Währungsreform von 1948, die die Reichsmark durch die D-Mark ersetzte, wurden die Voraussetzungen für eine stabile Wirtschaft geschaffen. Die Reform beseitigte die Hyperinflation und legte den Grundstein für Vertrauen in das neue System. Gleichzeitig wurde der Handel liberalisiert, und zahlreiche Preisregulierungen wurden abgeschafft, was zu einem regelrechten Wirtschaftsboom führte.

Das Wirtschaftswunder war jedoch nicht nur das Ergebnis kluger Politik, sondern auch einer einzigartigen gesellschaftlichen Leistung. Millionen

Menschen packten an, um das Land wieder aufzubauen. Die Arbeitsmoral war hoch, und die Bereitschaft, persönliche Entbehrungen zugunsten des kollektiven Wohlstands hinzunehmen, prägte diese Generation. Ein wesentlicher Faktor war die Integration von Millionen Flüchtlingen und Vertriebenen aus den ehemaligen Ostgebieten. Diese Menschen brachten nicht nur Arbeitskraft, sondern auch handwerkliches Geschick und unternehmerischen Geist mit, was die wirtschaftliche Dynamik zusätzlich befeuerte.

Die 1950er und 1960er Jahre markierten den Höhepunkt des deutschen Wiederaufstiegs. Deutschland entwickelte sich zu einer globalen Exportnation, deren Produkte weltweit gefragt waren. Der Volkswagen Käfer ist eines der bekanntesten Symbole dieser Zeit. Das kleine, zuverlässige Auto wurde nicht nur in Deutschland, sondern auch international ein Erfolg. Es war ein Sinnbild für die Qualität und die Ingenieurskunst, die „Made in Germany" zu einer globalen Marke machten. Doch nicht nur die Automobilindustrie, sondern auch der Maschinenbau, die chemische Industrie und der Elektrosektor trugen maßgeblich zum Erfolg bei. Deutsche Unternehmen wie Siemens, Bosch, BASF und Bayer bauten ihre globale Präsenz aus und wurden zu Vorreitern in ihren Branchen.

Ein wichtiger Grund für diesen Erfolg war die Fähigkeit, komplexe und hochwertige Produkte zu entwickeln, die auf den Weltmärkten gefragt waren. Während andere Länder auf Massenproduktion setzten, spezialisierte sich Deutschland auf Präzision und technische Exzellenz. Diese Strategie machte das Land nicht nur zum „Exportweltmeister", sondern schuf auch Millionen Arbeitsplätze und sorgte für einen stetig wachsenden Wohlstand.

Doch die Abhängigkeit von Exporten hatte auch ihre Schattenseiten. Bereits in den 1970er Jahren zeigte die Ölkrise von 1973, wie anfällig das deutsche Modell für externe Schocks war. Die plötzliche Verknappung von Öl und der Anstieg der Preise führten zu einer globalen Rezession, die auch Deutschland hart traf. Als rohstoffarmes Land war Deutschland auf Energieimporte angewiesen, und die Krise machte deutlich, dass das Land keine langfristige Strategie zur Sicherung seiner Energieversorgung hatte. Dennoch blieb die grundlegende Struktur der Wirtschaft unverändert. Statt die Abhängigkeit von fossilen Energieträgern zu verringern oder alternative Wirtschaftsstrategien zu entwickeln, setzte Deutschland weiterhin auf den Ausbau seiner Exportmärkte.

Ein weiteres strukturelles Problem, das bereits in den 1970er Jahren erkennbar wurde, war die demografische Entwicklung. Nach dem Babyboom der Nachkriegszeit begann die Geburtenrate zu sinken. Experten warnten frühzeitig, dass die Alterung der Gesellschaft langfristig zu einem Fachkräftemangel und einer Überlastung der Sozialsysteme führen würde. Doch diese Warnungen wurden weitgehend ignoriert. Stattdessen vertraute die Politik darauf, dass technologische Fortschritte und Produktivitätssteigerungen ausreichen würden, um die Probleme zu kompensieren.

Die Wiedervereinigung Deutschlands im Jahr 1990 war eines der bedeutsamsten Ereignisse der Nachkriegsgeschichte und stellte das Land vor enorme wirtschaftliche Herausforderungen. Innerhalb weniger Monate mussten zwei völlig unterschiedliche Wirtschaftssysteme miteinander verschmolzen werden: die marktwirtschaftlich orientierte Bundesrepublik und die zentral geplante Volkswirtschaft der DDR. Doch diese Integration verlief alles andere als reibungslos. Während der Westen auf eine starke industrielle Basis und eine international wettbewerbsfähige Wirtschaft bauen konnte, war die DDR-Wirtschaft durch veraltete Technologien, mangelnde Produktivität und ineffiziente Strukturen geprägt. Dies führte dazu, dass ein Großteil der ostdeutschen Betriebe in den ersten Jahren nach der Wiedervereinigung entweder stillgelegt oder privatisiert wurde – oft unter Verlust von Arbeitsplätzen und wirtschaftlicher Substanz.

Ein zentrales Problem war die Einführung der D-Mark als gemeinsame Währung. Zwar verbesserte sie kurzfristig die Kaufkraft und das Vertrauen der ostdeutschen Bevölkerung, doch sie führte auch zu einem dramatischen Anstieg der Lohnkosten in Ostdeutschland. Viele Unternehmen, die zuvor im staatlich gelenkten System der DDR konkurrenzfähig waren, konnten mit den westdeutschen Standards nicht mithalten und gingen in den ersten Jahren nach der Wiedervereinigung in die Insolvenz. Die Arbeitslosigkeit in Ostdeutschland schnellte in die Höhe und erreichte in den 1990er Jahren in manchen Regionen über 20 Prozent. Ganze Industrien brachen weg, und viele Menschen wanderten in den Westen ab, wo die wirtschaftlichen Perspektiven besser waren. Bis heute kämpft Ostdeutschland mit den Folgen dieses wirtschaftlichen Umbruchs. Trotz Milliardeninvestitionen durch den Solidarpakt II und andere Förderprogramme ist die wirtschaftliche Leistungskraft des Ostens noch immer nicht mit der des Westens vergleichbar. Die schwache industrielle Basis und der Mangel an großen Unternehmen führen dazu, dass viele Regionen von der

Abwanderung junger Menschen betroffen sind, was den Fachkräftemangel zusätzlich verschärft.

Die Globalisierung, die in den 1990er Jahren immer stärker an Fahrt aufnahm, bot Deutschland zunächst große Chancen. Durch die internationale Verflechtung der Märkte konnten deutsche Unternehmen ihre Produkte weltweit exportieren und von den Vorteilen günstiger Produktionsstandorte profitieren. Besonders die Automobilindustrie und der Maschinenbau nutzten diese Entwicklung, um ihre Marktanteile in Asien, den USA und anderen aufstrebenden Regionen auszubauen. Doch diese Strategie hatte auch ihre Schattenseiten. Die zunehmende Abhängigkeit von globalen Lieferketten machte die deutsche Wirtschaft anfällig für externe Schocks. Dies wurde während der Finanzkrise 2008 und erneut in der Corona-Pandemie deutlich. Plötzlich waren zentrale Lieferketten unterbrochen, und viele Unternehmen konnten ihre Produktion nicht aufrechterhalten. Ein besonders prägnantes Beispiel ist der Halbleitermangel, der die Automobilindustrie massiv beeinträchtigte. Da Deutschland selbst keine nennenswerte Halbleiterproduktion hat, war es gezwungen, auf Importe aus Asien zu setzen. Als diese Lieferungen ins Stocken gerieten, mussten Unternehmen wie BMW und Daimler ihre

Produktion drosseln oder zeitweise ganz einstellen. Dies führte nicht nur zu wirtschaftlichen Schäden, sondern offenbarte auch die strukturelle Verwundbarkeit der deutschen Wirtschaft.

Diese Abhängigkeit wird durch die geopolitischen Spannungen der letzten Jahre zusätzlich verschärft. Die Beziehungen zu den USA, China und Russland – drei zentralen Handelspartnern Deutschlands – sind zunehmend angespannt. Die US-Handelspolitik unter Donald Trump führte zu Zöllen auf europäische Produkte und einer generellen Unsicherheit im transatlantischen Handel. Gleichzeitig gerieten die Beziehungen zu China, einem der wichtigsten Absatzmärkte für deutsche Autos und Maschinen, unter Druck, da die chinesische Regierung zunehmend auf eine eigene industrielle Unabhängigkeit setzt. Die Abhängigkeit von russischem Gas, die über Jahrzehnte hinweg von der Politik als unproblematisch dargestellt wurde, entpuppte sich nach dem Krieg in der Ukraine als schwerwiegendes Problem. All diese Faktoren zeigen, dass Deutschland dringend eine Strategie braucht, um seine wirtschaftliche Unabhängigkeit zu stärken und sich weniger verwundbar gegenüber externen Einflüssen zu machen.

Heute steht das Land vor einer Reihe von Herausforderungen, die das bestehende Wirtschaftsmodell auf eine harte Probe stellen. Der demografische Wandel gehört dabei zu den drängendsten Problemen. Die deutsche Bevölkerung altert rapide, und die Zahl der Menschen im erwerbsfähigen Alter nimmt stetig ab. Schon jetzt fehlen in vielen Branchen qualifizierte Fachkräfte, was die wirtschaftliche Dynamik bremst. Besonders betroffen sind der Gesundheitssektor, das Handwerk und die IT-Branche. Die Politik hat bisher keine ausreichenden Maßnahmen ergriffen, um dieser Entwicklung entgegenzuwirken. Zwar gibt es Programme zur Fachkräftezuwanderung, doch diese werden durch bürokratische Hürden und komplizierte Verfahren oft ineffektiv gemacht. Gleichzeitig wurden die Möglichkeiten für ältere Menschen, länger im Arbeitsleben zu bleiben, nur unzureichend verbessert. Diese Versäumnisse führen dazu, dass Deutschland langfristig nicht nur wirtschaftlich geschwächt wird, sondern auch soziale Spannungen zunehmen könnten.

Auch die fehlende Digitalisierung stellt ein massives Problem dar. Während andere Länder wie die USA, China oder Estland konsequent in digitale Infrastruktur und Technologien investieren, wirkt Deutschland wie ein Nachzügler. Der Ausbau von schnellem Internet kommt nur schleppend voran, und viele Schulen, Universitäten und Unternehmen arbeiten mit veralteter Technik. Die Pandemie hat die Defizite schmerzhaft offengelegt: Schulen mussten schließen, weil sie nicht in der Lage waren, digitalen Unterricht anzubieten, und Unternehmen litten unter mangelhafter technischer Ausstattung. Diese Rückständigkeit ist nicht nur ein Wettbewerbsnachteil, sondern auch ein Symptom für ein tieferliegendes Problem: die Trägheit politischer und administrativer Strukturen.

Das bestehende Wirtschaftsmodell, das auf Export, fossilen Energien und einer stabilen demografischen Entwicklung basierte, ist nicht mehr zukunftsfähig. Die Herausforderungen des 21. Jahrhunderts – von der Klimakrise über die digitale Revolution bis hin zu globalen geopolitischen Spannungen – verlangen einen grundlegenden Wandel. Deutschland steht vor der Aufgabe, eine neue Balance zwischen wirtschaftlicher Offenheit und strategischer Unabhängigkeit zu finden, zwischen Tradition und Innovation. Die Frage ist nicht mehr, ob sich etwas ändern muss, sondern wie schnell und wie entschlossen diese Veränderungen umgesetzt werden können.

Deutschland gilt als eine der führenden Industrienationen der Welt, ein Land, dessen wirtschaftliche Stärke über Jahrzehnte hinweg ein Garant für Stabilität und Wohlstand war. Doch hinter der glänzenden Fassade offenbaren sich Schwachstellen, die das Fundament der deutschen Wirtschaft gefährden. Die Abhängigkeit von externen Energiequellen und Rohstoffen, kombiniert mit einer dramatischen demografischen Krise, stellt das Land vor Herausforderungen, die nicht länger ignoriert werden können. Obwohl diese Probleme seit Jahrzehnten bekannt sind, hat die Politik es versäumt, nachhaltige Lösungen zu entwickeln, und verlässt sich stattdessen auf Maßnahmen, die oft kurzsichtig und reaktiv wirken.

Die Energieabhängigkeit ist ein Paradebeispiel für dieses Versäumnis. Als rohstoffarmes Land hat Deutschland nie über nennenswerte Reserven an Erdöl, Erdgas oder Kohle verfügt. Dennoch hat die Politik jahrzehntelang eine Strategie verfolgt, die das Land in eine prekäre Abhängigkeit von ausländischen Lieferanten brachte. Besonders gravierend ist die Rolle Russlands. Über Jahrzehnte hinweg wurden enge wirtschaftliche Beziehungen aufgebaut, die Deutschland in hohem Maße von russischem Gas abhängig machten. Der Bau der Nord-Stream-Pipelines, der unter der Regierung Gerhard Schröders und später unter Angela Merkel vorangetrieben wurde, wurde von Kritikern schon früh als strategischer Fehler bezeichnet. Doch diese Warnungen wurden ignoriert, da die wirtschaftlichen Vorteile kurzfristig überwogen.

Als Russland 2022 seine Gaslieferungen drosselte, wurde Deutschland mit den Konsequenzen dieser Politik konfrontiert. Die Energiepreise explodierten, und Unternehmen in energieintensiven Branchen wie der Chemie-, Metall- und Glasindustrie gerieten in massive Schwierigkeiten. BASF, ein Symbol deutscher Wirtschaftskraft, musste große Teile seiner Produktion in das Ausland verlagern, weil die Energiekosten in Deutschland nicht mehr wettbewerbsfähig waren. Gleichzeitig sahen sich Haushalte mit drastischen Erhöhungen ihrer Strom- und Heizkosten konfrontiert, was den sozialen Druck erhöhte. Besonders schwerwiegend war die Tatsache, dass Deutschland nicht nur wirtschaftlich, sondern auch politisch erpressbar geworden war. Die jahrzehntelange Strategie, Energieabhängigkeit mit politischen Beziehungen zu kompensieren, erwies sich als Illusion.

Ein weiteres Versagen der Energiepolitik war der Umgang mit der Atomkraft. Nach der Katastrophe von Fukushima im Jahr 2011 beschloss die Bundesregierung einen abrupten Ausstieg aus der Kernenergie. Dieser Schritt wurde von vielen als moralisch notwendig begrüßt, doch die strategischen Konsequenzen wurden kaum bedacht. Während Länder wie Frankreich weiterhin auf Kernkraft setzten und dadurch nicht nur ihre Energieversorgung sicherten, sondern auch ihre $CO_2$-Emissionen senkten, verstärkte Deutschland seine Abhängigkeit von fossilen Brennstoffen. Die erneuerbaren Energien, die als Alternative vorgesehen waren, wurden zwar ausgebaut, doch der Prozess war von enormen Verzögerungen und Bürokratie geprägt. Heute dauert es im Durchschnitt mehr als fünf Jahre, um eine neue Windkraftanlage zu genehmigen – eine Dauer, die in einer Zeit des Klimawandels und steigender Energiepreise untragbar ist.

Die Rohstoffabhängigkeit Deutschlands ist ein weiteres drängendes Problem. In einer Welt, die zunehmend von Digitalisierung und Technologie geprägt ist, sind bestimmte Rohstoffe unverzichtbar geworden. Seltene Erden, Lithium, Kobalt und Nickel bilden die Grundlage für Batterien, Halbleiter, Windkraftanlagen und viele andere

Schlüsseltechnologien. Doch Deutschland verfügt über keine nennenswerten Vorkommen dieser Materialien und ist daher auf Importe angewiesen. Besonders problematisch ist die Abhängigkeit von China, das nicht nur über riesige Reserven seltener Erden verfügt, sondern auch die globale Verarbeitung dieser Rohstoffe dominiert. Die geopolitischen Spannungen zwischen China und dem Westen bergen das Risiko, dass die Lieferketten jederzeit unterbrochen werden könnten. Ein solcher Konflikt würde nicht nur die deutsche Industrie lahmlegen, sondern auch zentrale Zukunftsprojekte wie die Energiewende gefährden.

Ein konkretes Beispiel für die Verwundbarkeit der deutschen Wirtschaft war der Halbleitermangel, der während der Corona-Pandemie zu massiven Produktionsausfällen führte. Halbleiter, die in nahezu allen modernen elektronischen Geräten verwendet werden, werden hauptsächlich in Asien produziert. Als die globalen Lieferketten zusammenbrachen, mussten deutsche Automobilhersteller wie Volkswagen, BMW und Daimler ihre Produktion drosseln. Dies führte nicht nur zu Milliardenverlusten, sondern auch zu einem Vertrauensverlust bei internationalen Kunden. Der Halbleitermangel offenbarte, dass Deutschland in den letzten Jahrzehnten versäumt hat, strategische

Kapazitäten im eigenen Land aufzubauen. Während Länder wie die USA und Südkorea Milliarden in den Aufbau eigener Produktionskapazitäten investierten, blieb Deutschland abhängig von Importen.

Die größte Herausforderung für die deutsche Wirtschaft ist jedoch die demografische Krise. Die Geburtenrate liegt seit den 1970er Jahren konstant unter dem Reproduktionsniveau, und die Bevölkerung altert rapide. Diese Entwicklung hat weitreichende Konsequenzen für den Arbeitsmarkt, die Sozialsysteme und die wirtschaftliche Dynamik des Landes. Besonders problematisch ist der Fachkräftemangel, der mittlerweile fast alle Branchen betrifft. Vom Gesundheitssektor über das Handwerk bis hin zur IT-Branche – Unternehmen finden immer weniger qualifizierte Arbeitskräfte, was die wirtschaftliche Entwicklung hemmt.

Die Politik versucht, diesem Problem durch Zuwanderung zu begegnen, doch diese Strategie hat ihre Grenzen. Unkontrollierte Zuwanderung kann die demografischen Probleme nicht lösen und schafft oft neue Herausforderungen. Viele Migranten verfügen nicht über die Qualifikationen, die auf dem deutschen Arbeitsmarkt tatsächlich gefragt sind. Statt den Fachkräftemangel zu beheben, führen unkontrollierte Zuwanderungswellen oft zu einer

Überlastung der öffentlichen Infrastruktur, von Schulen und Krankenhäusern bis hin zu Ämtern. Besonders in sozialen Brennpunkten spitzt sich die Lage zu, da begrenzte Ressourcen auf immer mehr Menschen verteilt werden müssen. Diese Spannungen gefährden nicht nur den sozialen Zusammenhalt, sondern auch die Akzeptanz weiterer Zuwanderung.

Ein weiteres Problem ist die kulturelle Integration. Während gezielte Zuwanderung mit klaren Regeln und Erwartungen erfolgreich sein kann, führt unkontrollierte Migration oft zur Bildung von Parallelgesellschaften. Dies hat nicht nur kulturelle, sondern auch wirtschaftliche Folgen, da viele Migranten ihre Potenziale nicht ausschöpfen können und stattdessen auf Sozialleistungen angewiesen bleiben. Studien zeigen, dass fast 40 Prozent der Geflüchteten auch nach fünf Jahren in Deutschland Leistungen nach dem Sozialgesetzbuch II beziehen. Dies belastet die öffentlichen Kassen und verstärkt die Vorurteile gegenüber Zuwanderung.

Die demografische Krise zeigt, dass Deutschland dringend eine umfassende Strategie braucht, die über Zuwanderung hinausgeht. Dazu gehört eine stärkere Förderung der Geburtenrate, eine bessere Nutzung des vorhandenen Arbeitskräftepotenzials und eine Modernisierung des Bildungssystems. Nur durch eine Kombination dieser Maßnahmen kann das Land den Herausforderungen des demografischen Wandels begegnen, ohne seinen sozialen und wirtschaftlichen Zusammenhalt zu gefährden.

Die demografische Krise ist nicht nur ein wirtschaftliches Problem, sondern auch eine Frage der gesellschaftlichen Balance. Die Politik hat zwar versucht, die Geburtenrate durch Maßnahmen wie das Elterngeld oder den Ausbau von Kindertagesstätten zu fördern, doch diese Initiativen greifen nur punktuell. Die strukturellen Barrieren, die viele Menschen davon abhalten, eine Familie zu gründen, wurden nicht beseitigt. Hohe Wohnkosten, unsichere Arbeitsverhältnisse und die Schwierigkeit, Beruf und Familie zu vereinbaren, machen es vielen jungen Paaren schwer, sich für Kinder zu entscheiden. Hinzu kommt, dass gesellschaftliche Normen und Erwartungen sich geändert haben: Viele Menschen verschieben den Kinderwunsch immer weiter nach hinten, oft so weit, dass er nicht mehr realisierbar ist.

Diese Probleme werden durch die wachsenden wirtschaftlichen Belastungen noch verstärkt. Die steigenden Kosten für Renten und Pflege setzen die

Sozialversicherungssysteme unter Druck. Während in den 1970er Jahren noch vier Erwerbstätige einen Rentner finanzierten, sind es heute weniger als zwei, und dieser Trend wird sich weiter verschärfen. Die Politik hat es versäumt, das Rentensystem nachhaltig zu reformieren. Stattdessen wurden immer neue Leistungen wie die Mütterrente eingeführt, die kurzfristig populär sind, aber langfristig die finanziellen Probleme vergrößern. Ohne grundlegende Reformen – etwa eine stärkere Förderung privater Altersvorsorge oder eine Anhebung des Renteneintrittsalters – drohen massive Belastungen für künftige Generationen.

Ein weiterer Bereich, der oft vernachlässigt wird, ist die Bildungs- und Weiterbildungsstrategie. In einer alternden Gesellschaft ist es entscheidend, das vorhandene Arbeitskräftepotenzial optimal zu nutzen. Doch das deutsche Bildungssystem ist in vielerlei Hinsicht unzureichend. Der Zugang zu qualitativ hochwertiger Bildung hängt noch immer stark von der sozialen Herkunft ab, was dazu führt, dass viele Talente nicht gefördert werden. Gleichzeitig fehlt es an Weiterbildungsprogrammen, die ältere Arbeitnehmer unterstützen, ihre Fähigkeiten an die sich wandelnden Anforderungen des Arbeitsmarktes anzupassen. Länder wie Schweden oder die Niederlande haben gezeigt, dass gezielte Investitionen in lebenslanges Lernen nicht nur die Produktivität steigern, sondern auch den gesellschaftlichen Zusammenhalt fördern können.

Die Zuwanderungspolitik Deutschlands steht ebenfalls vor einem grundlegenden Richtungswechsel. Unkontrollierte Zuwanderung, wie sie in den Jahren 2015 und 2016 erlebt wurde, hat nicht nur erhebliche finanzielle Kosten verursacht, sondern auch das Vertrauen in die Fähigkeit des Staates, Migration effektiv zu steuern, erschüttert. Studien zeigen, dass die Integration von Geflüchteten oft an sprachlichen und kulturellen Barrieren scheitert. Dies führt dazu, dass viele Migranten nicht in den Arbeitsmarkt integriert werden können und langfristig auf Sozialleistungen angewiesen sind. Eine effektive Zuwanderungspolitik muss daher klare Kriterien definieren, die den Bedürfnissen des Arbeitsmarktes entsprechen. Kanada und Australien bieten hier Vorbilder: Durch Punktesysteme wird sichergestellt, dass Zuwanderer nicht nur über die erforderlichen Qualifikationen verfügen, sondern auch die Bereitschaft zur Integration mitbringen.

Gleichzeitig muss die Politik sicherstellen, dass die bestehenden Integrationsprogramme effizienter werden. Sprachkurse, berufliche Qualifizierungen und Maßnahmen zur Anerkennung ausländischer Abschlüsse sind entscheidend, um Migranten schneller in den Arbeitsmarkt zu integrieren. Doch diese Programme sind oft schlecht koordiniert und leiden unter bürokratischen Hürden. Hier könnte eine zentrale Steuerung auf Bundesebene helfen, die Verantwortlichkeiten klarer zu definieren und Doppelstrukturen zu vermeiden.

Ein weiteres Problem der unkontrollierten Zuwanderung ist die Belastung der sozialen Infrastruktur. Städte und Gemeinden, die ohnehin mit begrenzten Mitteln arbeiten, sind oft nicht in der Lage, den zusätzlichen Bedarf an Wohnraum, Schulen und medizinischer Versorgung zu decken. Dies führt zu Konflikten, da einheimische Bürger das Gefühl haben, dass ihre Bedürfnisse zugunsten der Neuankömmlinge vernachlässigt werden. Besonders in sozial schwachen Vierteln, wo die Konkurrenz um begrenzte Ressourcen am größten ist, spitzen sich diese Spannungen zu. Um diese Konflikte zu entschärfen, braucht es gezielte Investitionen in die kommunale Infrastruktur und eine gerechtere Verteilung der Lasten.

Die geopolitischen Risiken, die sich aus Deutschlands Abhängigkeit von Energie und Rohstoffen ergeben, dürfen ebenfalls nicht unterschätzt werden. Die

Beziehung zu China ist ein besonders heikles Thema. Während China für Deutschland einer der wichtigsten Handelspartner ist, sind die politischen Beziehungen zunehmend angespannt. Die chinesische Regierung hat mehrfach signalisiert, dass sie bereit ist, wirtschaftliche Macht als politisches Druckmittel einzusetzen. Ein Handelskonflikt oder gar eine Eskalation im Taiwan-Konflikt könnten verheerende Auswirkungen auf die deutsche Wirtschaft haben. Die Abhängigkeit von China zeigt, dass Deutschland dringend Alternativen entwickeln muss, etwa durch den Aufbau strategischer Partnerschaften mit anderen Rohstofflieferanten oder die Förderung von Recyclingtechnologien.

Auch die Rolle der Europäischen Union ist in diesem Kontext entscheidend. Deutschland kann die Herausforderungen der Energie- und Rohstoffabhängigkeit nicht allein bewältigen. Eine stärkere europäische Zusammenarbeit, etwa durch den Aufbau einer gemeinsamen Energie- und Rohstoffstrategie, könnte dazu beitragen, die Abhängigkeiten zu reduzieren und die wirtschaftliche Resilienz der EU insgesamt zu stärken. Doch diese Zusammenarbeit wird durch nationale Interessen und bürokratische Hürden erschwert, was die Umsetzung gemeinsamer Projekte verzögert.

Die deutsche Wirtschaft steht an einem Scheideweg. Die Abhängigkeiten von Energie, Rohstoffen und Zuwanderung sind Symptome eines tieferliegenden Problems: der fehlenden Bereitschaft, grundlegende Reformen anzugehen. Es reicht nicht, die Symptome zu verwalten; es braucht einen mutigen und umfassenden Ansatz, der alle Aspekte der wirtschaftlichen und gesellschaftlichen Entwicklung in den Blick nimmt. Nur so kann Deutschland die Herausforderungen des 21. Jahrhunderts meistern und seinen Wohlstand sichern.

Der deutsche Mittelstand wird seit Jahrzehnten als das Rückgrat der deutschen Wirtschaft gefeiert. Er umfasst etwa 99 Prozent aller Unternehmen in Deutschland und stellt mehr als 60 Prozent aller Arbeitsplätze. Familiengeführte Betriebe, innovative Handwerksbetriebe und spezialisierte Nischenanbieter prägen das Bild einer Wirtschaft, die auf Stabilität und Qualität setzt. Doch genau dieser Mittelstand, der so oft als Garant für den deutschen Wohlstand gesehen wird, gerät zunehmend unter Druck. Die Herausforderungen sind vielfältig: Bürokratie, Fachkräftemangel, hohe Energiepreise und internationale Konkurrenz setzen vielen Unternehmen zu. Diese Belastungen treffen nicht nur die Unternehmen selbst, sondern haben auch weitreichende Auswirkungen auf die gesamte deutsche Wirtschaft und Gesellschaft.

Die Bürokratie ist eines der zentralen Probleme, mit denen der Mittelstand zu kämpfen hat. Laut einer Umfrage des Deutschen Industrie- und Handelskammertages (DIHK) sehen 84 Prozent der mittelständischen Unternehmen in Deutschland die Bürokratie als eines der größten Hemmnisse für ihr Geschäft. Von komplizierten Steuerregelungen bis hin zu langwierigen Genehmigungsverfahren – der Verwaltungsaufwand bindet nicht nur Ressourcen, sondern bremst auch die Innovationsfähigkeit. Besonders kleinere Betriebe, die nicht über die Personal- und Finanzmittel großer Konzerne verfügen, sind von den bürokratischen Anforderungen überproportional betroffen. Ein Beispiel hierfür sind die Anforderungen an den Datenschutz: Während große Unternehmen über eigene Datenschutzabteilungen verfügen, müssen sich kleine Betriebe oft selbst durch den Dschungel von Verordnungen und Auflagen kämpfen. Dies führt nicht nur zu Frustration, sondern auch dazu, dass viele Betriebe neue Projekte oder Investitionen scheuen.

Ein weiteres Problem ist der Fachkräftemangel, der den Mittelstand besonders hart trifft. Während große Konzerne oft in der Lage sind, hochqualifizierte Arbeitskräfte aus dem Ausland anzuwerben oder durch attraktive Gehälter Talente anzuziehen, haben viele mittelständische Betriebe nicht die gleichen Möglichkeiten. Besonders in ländlichen Regionen, wo viele mittelständische Unternehmen angesiedelt sind, ist der Wettbewerb um Fachkräfte besonders intensiv. Betriebe berichten zunehmend, dass sie Aufträge ablehnen müssen, weil sie nicht genügend qualifiziertes

Personal haben. Diese Entwicklung hat nicht nur wirtschaftliche, sondern auch gesellschaftliche Folgen: Wenn Betriebe schließen oder ihre Kapazitäten reduzieren, verlieren viele Menschen ihre Arbeitsplätze, was die wirtschaftliche und soziale Struktur ganzer Regionen schwächt.

Die hohen Energiepreise sind eine weitere Belastung, die viele mittelständische Unternehmen an ihre Grenzen bringt. Besonders energieintensive Branchen wie die Metallverarbeitung, die Glasindustrie oder die Chemieproduktion leiden unter den stark gestiegenen Kosten. Ein Beispiel ist ein mittelständisches Glasunternehmen aus Nordrhein-Westfalen, das kürzlich ankündigen musste, seine Produktion zu drosseln, weil die Energiekosten innerhalb eines Jahres um über 300 Prozent gestiegen waren. Diese Entwicklung ist nicht nur eine Folge der globalen Energiekrise, sondern auch das Ergebnis einer verfehlten Energiepolitik, die den Mittelstand in vielen Bereichen im Stich lässt. Während Großkonzerne oft von staatlichen Subventionen oder Steuererleichterungen profitieren, bleibt der Mittelstand auf sich allein gestellt.

Auch die internationale Konkurrenz setzt dem deutschen Mittelstand zunehmend zu. Länder wie

China oder Indien, die in den letzten Jahrzehnten ihre industrielle Basis massiv ausgebaut haben, bieten Produkte an, die oft zu einem Bruchteil der Kosten hergestellt werden können. Dies betrifft nicht nur einfache Konsumgüter, sondern zunehmend auch komplexere Produkte, die traditionell als Domäne des deutschen Mittelstands galten. Ein Beispiel ist die Maschinenbauindustrie, wo chinesische Hersteller in den letzten Jahren erhebliche Marktanteile gewonnen haben. Während deutsche Unternehmen weiterhin auf Qualität und Präzision setzen, wird der internationale Wettbewerb zunehmend über den Preis entschieden – ein Bereich, in dem der deutsche Mittelstand kaum mithalten kann.

Ein weiterer Aspekt, der oft übersehen wird, ist die Nachfolgeregelung in Familienunternehmen. Laut einer Studie der Kreditanstalt für Wiederaufbau (KfW) steht in den nächsten fünf Jahren fast jedes vierte mittelständische Unternehmen vor der Herausforderung, die Unternehmensnachfolge zu regeln. Doch immer weniger junge Menschen sind bereit, die Verantwortung für ein Familienunternehmen zu übernehmen. Die Gründe dafür sind vielfältig: Der zunehmende Verwaltungsaufwand, die Unsicherheiten durch internationale Krisen und der Wunsch nach einer besseren Work-Life-Balance schrecken viele potenzielle Nachfolger ab. Dies führt dazu, dass immer mehr Betriebe entweder verkauft oder geschlossen werden – ein Verlust, der weit über die wirtschaftlichen Folgen hinausgeht. Familienunternehmen sind oft tief in ihren Regionen verwurzelt und spielen eine wichtige Rolle für das soziale Gefüge. Ihr Wegfall bedeutet nicht nur den Verlust von Arbeitsplätzen, sondern auch den Verlust von Identität und Gemeinschaft.

Die Politik hat bisher keine überzeugenden Lösungen für diese Probleme angeboten. Statt den Mittelstand gezielt zu fördern, werden neue Auflagen und Vorschriften eingeführt, die die Belastung weiter erhöhen. Die sogenannte Mittelstandsstrategie, die 2019 von der Bundesregierung vorgestellt wurde, enthält zwar viele gute Ansätze, doch ihre Umsetzung lässt zu wünschen übrig. Viele Programme sind bürokratisch kompliziert und erreichen die Unternehmen nicht rechtzeitig. Gleichzeitig fehlt es an einer langfristigen Vision, wie der Mittelstand in einer globalisierten und digitalisierten Welt wettbewerbsfähig bleiben kann.

Der Mittelstand ist das Rückgrat der deutschen Wirtschaft – doch dieses Rückgrat droht zu brechen, wenn die Politik nicht endlich entschlossen handelt.

Es braucht weniger Bürokratie, bessere Rahmenbedingungen für Investitionen und eine gezielte Förderung von Innovationen. Gleichzeitig muss der Fachkräftemangel durch eine Reform des Bildungssystems und gezielte Maßnahmen zur Fachkräftezuwanderung angegangen werden. Ohne diese Schritte droht Deutschland, eine seiner wichtigsten Stärken zu verlieren – und mit ihr die Grundlage für seinen wirtschaftlichen Erfolg.

Der Mittelstand spielt nicht nur eine wirtschaftliche, sondern auch eine gesellschaftliche Rolle, die oft unterschätzt wird. Viele dieser Unternehmen sind tief in ihren Gemeinden verwurzelt und übernehmen Verantwortung, die weit über das hinausgeht, was in der Bilanz sichtbar ist. Sie fördern lokale Kulturprojekte, unterstützen Sportvereine oder finanzieren soziale Initiativen. In vielen Regionen, besonders in strukturschwachen Gebieten, sind mittelständische Unternehmen die Lebensader der Gesellschaft. Sie schaffen Arbeitsplätze, bieten Ausbildungsplätze für die Jugend und geben den Menschen eine Perspektive. Wenn ein solcher Betrieb schließt, ist der Verlust oft mehr als nur wirtschaftlicher Natur. Ganze Gemeinden können dadurch ins Wanken geraten, weil sie ihre wirtschaftliche Basis und einen wichtigen Teil ihrer Identität verlieren.

Doch genau diese Funktion des Mittelstands wird durch aktuelle politische Entscheidungen gefährdet. Die Klimapolitik ist ein Beispiel dafür, wie ambitionierte Ziele ohne Rücksicht auf die Realitäten des Mittelstands formuliert werden. Viele mittelständische Unternehmen stehen vor der Herausforderung, ihre Produktion auf nachhaltige und klimafreundliche Verfahren umzustellen. Während Großkonzerne durch Fördermittel und Subventionen unterstützt werden, fehlt es dem Mittelstand oft an den finanziellen Ressourcen, um solche Investitionen zu stemmen. Ein Beispiel sind die hohen Kosten für den Umstieg auf $CO_2$-neutrale Technologien. Ein mittelständischer Maschinenbauer aus Baden-Württemberg berichtete kürzlich, dass die Umrüstung seiner Produktionsanlagen auf klimafreundliche Standards mehrere Millionen Euro kosten würde – eine Summe, die ohne staatliche Unterstützung kaum zu bewältigen ist. Gleichzeitig sehen sich diese Unternehmen mit strengeren Umweltauflagen konfrontiert, die ihre Wettbewerbsfähigkeit gegenüber internationalen Konkurrenten zusätzlich belasten.

Die internationale Konkurrenz ist ein weiteres drängendes Problem, das den Mittelstand zunehmend in die Defensive drängt. Länder wie China und Indien setzen gezielt auf staatliche

Förderungen, um ihre Unternehmen zu unterstützen, während deutsche Betriebe oft mit Nachteilen kämpfen. Besonders im Bereich der Technologien für erneuerbare Energien hat Deutschland in den letzten Jahren an Boden verloren. Während deutsche Unternehmen einst führend in der Herstellung von Solarzellen und Windkraftanlagen waren, haben chinesische Produzenten durch staatliche Subventionen und eine aggressive Preispolitik den Markt übernommen. Dies zeigt, wie wichtig eine gezielte industriepolitische Strategie ist, um den Mittelstand in zukunftsträchtigen Branchen zu stärken und ihm eine Chance im internationalen Wettbewerb zu geben.

Die psychologische Belastung der Mittelständler selbst darf in dieser Diskussion ebenfalls nicht unterschätzt werden. Viele Unternehmer fühlen sich von der Politik im Stich gelassen und von den Anforderungen überwältigt. Eine Studie des Instituts für Mittelstandsforschung zeigte, dass fast 40 Prozent der mittelständischen Unternehmer in Deutschland über eine erhöhte Stressbelastung klagen. Besonders häufig wird die Unsicherheit in Bezug auf gesetzliche Änderungen, wirtschaftliche Rahmenbedingungen und internationale Krisen genannt. Diese Belastungen haben auch soziale

Konsequenzen: Wenn Unternehmer nicht mehr bereit sind, die Verantwortung für ihre Betriebe zu übernehmen, verliert der Mittelstand langfristig an Substanz. Besonders in Familienunternehmen, die oft über Generationen hinweg geführt werden, kann dies zu tiefen Einschnitten führen, nicht nur für die Unternehmen selbst, sondern auch für die Menschen, die von ihnen abhängig sind.

Ein weiteres Problem, das zunehmend an Bedeutung gewinnt, ist die Transformation der Arbeitswelt. Die Digitalisierung und Automatisierung bieten zwar enorme Chancen, bringen aber auch neue Herausforderungen mit sich. Viele mittelständische Unternehmen stehen vor der Frage, wie sie ihre Arbeitsprozesse effizienter gestalten können, ohne ihre Belegschaft zu verlieren. Gleichzeitig haben sie Schwierigkeiten, qualifizierte Mitarbeiter für die neuen Anforderungen zu finden. Besonders problematisch ist die sogenannte „digitale Kluft": Während große Unternehmen oft ganze Abteilungen haben, die sich mit Digitalisierung und Innovation befassen, fehlt es vielen Mittelständlern an den Ressourcen, um diese Transformation voranzutreiben. Dies führt dazu, dass sie in wichtigen Zukunftsfeldern wie Künstlicher Intelligenz oder Big Data den Anschluss verlieren.

Die Politik muss erkennen, dass der Mittelstand nicht nur eine wirtschaftliche Größe ist, sondern ein zentraler Bestandteil des sozialen und kulturellen Gefüges in Deutschland. Ohne gezielte Maßnahmen droht der Mittelstand, seine Rolle als Stabilitätsanker zu verlieren. Es braucht mehr Unterstützung, nicht nur in finanzieller Hinsicht, sondern auch durch den Abbau bürokratischer Hürden und die Schaffung verlässlicher Rahmenbedingungen. Nur so kann sichergestellt werden, dass der Mittelstand auch in Zukunft das Rückgrat der deutschen Wirtschaft bleibt.

Deutschland galt lange als ein Land mit einem stabilen und leistungsfähigen Arbeitsmarkt. Nach der globalen Finanzkrise von 2008 und der anschließenden europäischen Schuldenkrise schien sich der deutsche Arbeitsmarkt als besonders widerstandsfähig zu erweisen. Die Arbeitslosigkeit sank über Jahre hinweg, und das Land profitierte von einem robusten Wirtschaftswachstum, das den Beschäftigungsstand auf Rekordhöhen trieb. Doch hinter dieser Erfolgsgeschichte verbergen sich tiefgreifende strukturelle Probleme, die das Fundament des deutschen Arbeitsmarktes zunehmend erschüttern. Der Fachkräftemangel, die Auswirkungen des Mindestlohns, die Herausforderungen einer alternden Gesellschaft und die steigende Belastung der Sozialsysteme bilden eine Mischung, die langfristig zur Gefahr für die wirtschaftliche und soziale Stabilität werden könnte.

Der Fachkräftemangel ist eines der drängendsten Probleme, mit dem der deutsche Arbeitsmarkt konfrontiert ist. In nahezu allen Branchen fehlt es an qualifiziertem Personal. Besonders betroffen sind der Gesundheitssektor, das Handwerk, die IT-

Branche und der Maschinenbau. Laut einer Studie des Instituts der deutschen Wirtschaft (IW) fehlten 2023 fast 1,8 Millionen Fachkräfte, eine Zahl, die in den kommenden Jahren weiter steigen könnte. Diese Entwicklung ist nicht nur eine Folge des demografischen Wandels, sondern auch struktureller Defizite im Bildungssystem und in der Arbeitsmarktpolitik. Viele Berufe, die für die deutsche Wirtschaft von zentraler Bedeutung sind, haben an Attraktivität verloren. Handwerksberufe beispielsweise werden oft als wenig lukrativ wahrgenommen, während akademische Laufbahnen stärker gefördert werden. Gleichzeitig fehlt es an einer gezielten Förderung von Frauen und älteren Arbeitnehmern, die ein großes ungenutztes Potenzial darstellen könnten.

Die Politik hat versucht, den Fachkräftemangel durch Zuwanderung zu lindern, doch diese Strategie hat nur begrenzten Erfolg gezeigt. Viele der Menschen, die nach Deutschland kommen, verfügen nicht über die Qualifikationen, die auf dem Arbeitsmarkt tatsächlich benötigt werden. Dies führt dazu, dass der Fachkräftemangel in Schlüsselbereichen weiterhin bestehen bleibt, während andere Sektoren von einem Überangebot an gering qualifizierten Arbeitskräften geprägt sind. Gleichzeitig gibt es erhebliche bürokratische Hürden, die die

Zuwanderung von hochqualifizierten Fachkräften erschweren. Ein IT-Experte aus Indien oder ein Ingenieur aus Brasilien muss oft monatelang auf die Anerkennung seiner Qualifikationen warten, während Unternehmen dringend auf ihre Expertise angewiesen sind. Diese Ineffizienz kostet Deutschland nicht nur wirtschaftliches Wachstum, sondern auch Innovationspotenzial.

Ein weiterer kritischer Punkt ist der Mindestlohn, der 2022 auf 12 Euro pro Stunde angehoben wurde. Diese Maßnahme wurde als wichtiger Schritt zur Stärkung der Kaufkraft und zur Bekämpfung von Armut gefeiert, doch ihre langfristigen Auswirkungen auf den Arbeitsmarkt sind umstritten. Für viele kleine und mittelständische Unternehmen, besonders in strukturschwachen Regionen, bedeutet der höhere Mindestlohn eine erhebliche finanzielle Belastung. Dies betrifft insbesondere Branchen wie Gastronomie, Einzelhandel und Pflege, die traditionell niedrige Margen aufweisen. Einige Unternehmen reagieren darauf, indem sie Stellen abbauen oder ihre Preise erhöhen, was wiederum die Inflation antreibt, und die Kaufkraft der Verbraucher schmälert. Die Diskussion um den Mindestlohn zeigt, wie schwierig es ist, soziale Gerechtigkeit und wirtschaftliche Effizienz in Einklang zu bringen.

Das überalterte Rentensystem ist eine weitere Baustelle, die dringend Reformen erfordert. Die demografische Entwicklung führt dazu, dass immer weniger Erwerbstätige für immer mehr Rentner aufkommen müssen. Während in den 1970er Jahren vier Erwerbstätige einen Rentner finanzierten, liegt das Verhältnis heute bei weniger als zwei zu eins. Dieses Ungleichgewicht belastet nicht nur die Rentenkassen, sondern auch die gesamte Volkswirtschaft. Die Politik hat bisher versucht, dieses Problem durch Maßnahmen wie die Einführung der Riester-Rente oder die Anhebung des Renteneintrittsalters zu entschärfen, doch diese Maßnahmen greifen nur punktuell. Die Riester-Rente hat sich als wenig effektiv erwiesen, da viele Menschen nicht genug verdienen, um in eine private Altersvorsorge zu investieren. Gleichzeitig ist die Anhebung des Rentenalters politisch umstritten und wird von vielen Arbeitnehmern als unzumutbar empfunden.

Die Herausforderungen im Rentensystem sind eng mit der allgemeinen Belastung der Sozialsysteme verknüpft. Neben der Rente ist auch die gesetzliche Krankenversicherung unter Druck. Die steigenden Kosten für medizinische Versorgung, der Fachkräftemangel im Gesundheitswesen und die zunehmende Zahl älterer Patienten führen zu wachsenden Defiziten in den Krankenkassen. Dies hat zur Folge, dass die Beiträge zur Krankenversicherung immer weiter steigen, was wiederum die Belastung für Arbeitnehmer und Arbeitgeber erhöht. Gleichzeitig nimmt die Qualität der Versorgung ab, da Krankenhäuser und Pflegeeinrichtungen zunehmend überlastet sind. Diese Entwicklungen gefährden nicht nur die soziale Gerechtigkeit, sondern auch das Vertrauen der Bevölkerung in das Sozialsystem.

Die Langzeitarbeitslosigkeit bleibt ebenfalls ein ungelöstes Problem, das den sozialen Frieden bedroht. Obwohl die Arbeitslosenquote in Deutschland vergleichsweise niedrig ist, gibt es eine große Zahl von Menschen, die dauerhaft vom Arbeitsmarkt ausgeschlossen sind. Viele dieser Menschen haben nur geringe Qualifikationen oder kämpfen mit gesundheitlichen Problemen, die eine Beschäftigung erschweren. Die bestehenden Förderprogramme reichen oft nicht aus, um diese Menschen wieder in den Arbeitsmarkt zu integrieren. Gleichzeitig fehlt es an gezielten Maßnahmen, um Arbeitslose für die Berufe umzuschulen, in denen tatsächlich Fachkräfte benötigt werden. Dies ist nicht nur eine Verschwendung von Potenzial, sondern auch eine finanzielle Belastung für den Staat, der Milliarden für

Arbeitslosengeld und andere Sozialleistungen aufbringen muss.

Zusammenfassend lässt sich sagen, dass der deutsche Arbeitsmarkt und die Sozialsysteme vor einem Wendepunkt stehen. Die strukturellen Probleme, die sich über Jahrzehnte aufgebaut haben, erfordern mutige und umfassende Reformen. Ohne eine grundlegende Neujustierung droht Deutschland, seine wirtschaftliche Stärke und den sozialen Frieden zu verlieren. Es braucht eine Politik, die nicht nur Symptome bekämpft, sondern die Ursachen der Probleme angeht – von der Förderung von Bildung und Weiterbildung bis hin zur Reform des Rentensystems und einer besseren Steuerung der Zuwanderung. Nur so kann das Land die „tickende Zeitbombe" entschärfen und eine stabile Grundlage für die Zukunft schaffen.

Die Verantwortung für die Missstände auf dem Arbeitsmarkt und in den Sozialsystemen liegt nicht allein bei einem einzigen Akteur. Vielmehr handelt es sich um das Ergebnis einer jahrzehntelangen Politik des Zögerns und einer fehlenden langfristigen Strategie, die von verschiedenen Regierungen und Parteien mitgetragen wurde. Während die Große Koalition unter Angela Merkel viele Probleme durch eine Politik des Stillstands verschärfte, gehen einige der heutigen Herausforderungen auf Entscheidungen der rot-grünen Regierung unter Gerhard Schröder zurück. Gleichzeitig hat auch die aktuelle Ampelkoalition bisher keine überzeugenden Antworten geliefert, wie die tiefgreifenden strukturellen Probleme gelöst werden können.

Ein zentraler Wendepunkt in der Geschichte des deutschen Arbeitsmarktes war die Einführung der sogenannten „Hartz-Reformen" unter der rot-grünen Regierung von Gerhard Schröder (1998–2005). Diese Reformen, die in den Jahren 2003 bis 2005 umgesetzt wurden, hatten das Ziel, den Arbeitsmarkt flexibler zu machen und die Langzeitarbeitslosigkeit zu reduzieren. Die Zusammenlegung von Arbeitslosen- und Sozialhilfe zu Hartz IV sollte Anreize schaffen, schneller in den Arbeitsmarkt zurückzukehren. Doch obwohl die Arbeitslosenquote tatsächlich sank, hatte die Reform auch gravierende soziale Folgen. Millionen Menschen wurden in prekäre Arbeitsverhältnisse gedrängt, Minijobs und befristete Arbeitsverträge nahmen stark zu, und viele Menschen rutschten in die sogenannte „Aufstockerfalle", bei der das Einkommen aus Arbeit nicht ausreicht, um den Lebensunterhalt zu sichern. Diese Entwicklung hat nicht nur das Vertrauen in den Sozialstaat geschwächt, sondern auch eine tiefe Spaltung in der Gesellschaft hinterlassen.

Die Hartz-Reformen waren ein Beispiel für eine Politik, die kurzfristige wirtschaftliche Ziele über langfristige soziale Stabilität stellte. Besonders problematisch war die mangelnde Begleitung der Reformen durch Investitionen in Weiterbildung und Qualifizierung. Während die Anforderungen des Arbeitsmarktes durch Digitalisierung und Globalisierung stiegen, wurden viele Arbeitslose nicht ausreichend unterstützt, um sich auf diese Veränderungen einzustellen. Dies führte dazu, dass Langzeitarbeitslosigkeit trotz sinkender Arbeitslosenquote ein chronisches Problem blieb, das bis heute ungelöst ist.

Die Große Koalition unter Angela Merkel (2005–2021) hat diese Probleme nicht nur nicht gelöst, sondern in vielen Fällen verschärft. Die CDU/CSU und die SPD haben es während ihrer Regierungszeit versäumt, grundlegende Reformen des Rentensystems und der Sozialversicherung anzugehen. Stattdessen konzentrierte sich die Politik auf Maßnahmen, die kurzfristig populär waren, langfristig jedoch die strukturellen Defizite vertieften. Ein Beispiel ist die Einführung der sogenannten Mütterrente im Jahr 2014, die Eltern mit Kindern, die vor 1992 geboren wurden, höhere Rentenansprüche einräumte. Diese Maßnahme wurde zwar von vielen als soziale Gerechtigkeit angesehen, doch sie belastete die Rentenkassen erheblich und trug nichts zur Bewältigung des demografischen Wandels bei. Ähnlich problematisch war die Einführung der abschlagsfreien Rente mit 63, die es Menschen mit 45 Beitragsjahren erlaubte, früher in den Ruhestand zu gehen. Obwohl diese Maßnahme vor allem ältere Arbeitnehmer entlasten sollte, verschärfte sie den Fachkräftemangel und erhöhte die Belastung der Rentenkassen.

Ein weiteres Versäumnis der Großen Koalition war die mangelnde Steuerung der Zuwanderung. Während die Flüchtlingskrise 2015 zweifellos eine humanitäre Herausforderung war, wurden die langfristigen Folgen für den Arbeitsmarkt und die Sozialsysteme nicht ausreichend bedacht. Viele der Menschen, die nach Deutschland kamen, verfügten nicht über die Qualifikationen, die auf dem deutschen Arbeitsmarkt benötigt wurden. Gleichzeitig wurden keine ausreichenden Mittel bereitgestellt, um diese Menschen effektiv in den Arbeitsmarkt zu integrieren. Sprachkurse, berufliche Qualifikationen und die Anerkennung ausländischer Abschlüsse wurden oft nur schleppend umgesetzt, was dazu führte, dass viele Flüchtlinge auch Jahre später noch auf Sozialleistungen angewiesen waren. Diese Entwicklungen haben nicht nur das Vertrauen in die Handlungsfähigkeit der Politik geschwächt, sondern auch den sozialen Druck in vielen Gemeinden erhöht.

Die aktuelle Ampelkoalition aus SPD, Grünen und FDP steht ebenfalls in der Kritik, da sie bisher keine überzeugenden Maßnahmen präsentiert hat, um die strukturellen Probleme des Arbeitsmarktes und der Sozialsysteme zu lösen. Zwar hat die Koalition den Mindestlohn auf 12 Euro pro Stunde erhöht, doch diese Maßnahme wird von vielen als symbolisch betrachtet, da sie die grundlegenden Herausforderungen nicht adressiert. Besonders problematisch ist die Uneinigkeit innerhalb der Koalition, die wichtige Reformen blockiert. Während die Grünen und die SPD auf eine stärkere Sozialpolitik drängen, lehnt die FDP viele dieser Maßnahmen aus finanziellen Gründen ab. Diese Konflikte führen dazu, dass dringend benötigte Reformen wie die Modernisierung des Rentensystems oder die gezielte Förderung von Fachkräften aufgeschoben werden.

Die Parteien der politischen Landschaft sind jedoch nicht allein verantwortlich für die heutigen Probleme. Ein weiterer Faktor ist die mangelnde langfristige Planung in der deutschen Politik. Wichtige Entscheidungen werden oft von der nächsten Wahlperiode bestimmt, anstatt eine langfristige Vision für den Arbeitsmarkt und die Sozialsysteme zu entwickeln. Dieses Denken in kurzen Zeiträumen hat dazu geführt, dass Probleme wie der demografische Wandel oder der Fachkräftemangel über Jahrzehnte hinweg ignoriert wurden, obwohl sie absehbar waren.

Zusammenfassend lässt sich sagen, dass die Probleme des Arbeitsmarktes und der Sozialsysteme das Ergebnis einer Kette von politischen Fehlentscheidungen und Versäumnissen sind. Keine Regierung hat es geschafft, eine nachhaltige Strategie zu entwickeln, die den demografischen Wandel, die Globalisierung und die Anforderungen der Digitalisierung in Einklang bringt. Es braucht einen grundlegenden Kurswechsel, der nicht nur auf kurzfristige Lösungen setzt, sondern die Strukturen von Grund auf erneuert. Ohne eine solche Neuorientierung droht Deutschland, den sozialen Frieden und die wirtschaftliche Stabilität zu verlieren.

Bildung ist der Schlüssel zur Zukunft eines Landes. Sie entscheidet nicht nur über die individuelle Lebensgestaltung, sondern auch über die Wettbewerbsfähigkeit einer Volkswirtschaft und den sozialen Zusammenhalt einer Gesellschaft. In Deutschland wird Bildung oft als eine der großen Stärken angesehen, doch bei genauer Betrachtung zeigt sich, dass das deutsche Bildungssystem nicht mit den Anforderungen einer sich rasant wandelnden Welt Schritt halten kann. Veraltete Strukturen, fehlende Innovationen und eine chronische Unterfinanzierung haben dazu geführt, dass Deutschland in internationalen Bildungsrankings zurückfällt und immer mehr Kinder und Jugendliche nicht optimal auf die Herausforderungen des 21. Jahrhunderts vorbereitet sind.

Ein grundlegendes Problem des deutschen Bildungssystems ist seine starke Abhängigkeit vom föderalen System. Die Bildungspolitik liegt in der Verantwortung der 16 Bundesländer, was dazu führt, dass es keine einheitlichen Standards gibt. Während Schüler in Bayern oder Baden-Württemberg oft von einer vergleichsweise guten Infrastruktur und leistungsstarken Schulen profitieren, haben Schüler in strukturschwächeren Regionen wie Sachsen-Anhalt oder Mecklenburg-Vorpommern deutlich schlechtere Chancen. Dieser Bildungsföderalismus schafft nicht nur Ungleichheiten, sondern bremst auch dringend notwendige Reformen aus. Ein Beispiel hierfür ist die Digitalisierung der Schulen: Obwohl der Bund im Rahmen des Digitalpakts Schule Milliarden Euro bereitgestellt hat, kommen diese Mittel nur schleppend bei den Schulen an. Bürokratische Hürden und die mangelnde Koordination zwischen Bund und Ländern führen dazu, dass viele Schulen noch immer nicht über grundlegende digitale Infrastruktur verfügen.

Die mangelnde Digitalisierung ist ein Symptom für die veralteten Strukturen, die das deutsche Bildungssystem prägen. In einer Welt, die zunehmend von Technologie und Daten dominiert wird, ist es entscheidend, dass Schüler frühzeitig digitale Kompetenzen erwerben. Doch in vielen deutschen Schulen fehlen nicht nur die technischen Mittel, sondern auch die Lehrkräfte, die diese Kompetenzen vermitteln können. Laut einer Studie des Bitkom-Verbandes gaben 58 Prozent der Lehrer an, dass sie sich nicht ausreichend auf die digitale Bildung vorbereitet fühlen. Die Pandemie hat diese Defizite besonders deutlich gemacht: Während

Länder wie Estland oder Finnland innerhalb weniger Wochen auf digitalen Unterricht umstellen konnten, kämpften deutsche Schulen mit veralteter Technik und fehlender Infrastruktur. Viele Schüler, insbesondere aus sozial schwächeren Familien, wurden dadurch zusätzlich benachteiligt, was die soziale Ungleichheit weiter verstärkte.

Ein weiteres Problem ist das dreigliedrige Schulsystem, das Schüler frühzeitig in unterschiedliche Bildungswege einteilt. Dieses System, das in seiner heutigen Form seit den 1950er Jahren besteht, wird zunehmend als Hindernis für soziale Mobilität und Chancengleichheit kritisiert. Studien zeigen, dass die Bildungskarriere eines Kindes in Deutschland stärker von der sozialen Herkunft abhängt als in vielen anderen Industrienationen. Kinder aus Akademikerfamilien haben eine deutlich höhere Wahrscheinlichkeit, ein Gymnasium zu besuchen, während Kinder aus Arbeiterfamilien oft in Haupt- oder Realschulen landen. Diese frühe Selektion führt dazu, dass Talente ungenutzt bleiben und das Bildungssystem soziale Ungleichheiten zementiert, anstatt sie abzubauen.

Auch die Lehrerausbildung steht in der Kritik. Während der Lehrerberuf in Ländern wie Finnland oder Südkorea als hoch angesehen gilt und nur die besten Absolventen eines Jahrgangs in die Lehrerausbildung kommen, hat Deutschland seit Jahren mit einem Lehrermangel zu kämpfen. Besonders in Naturwissenschaften und Informatik gibt es zu wenige qualifizierte Lehrkräfte, was dazu führt, dass viele Stunden ausfallen oder fachfremd unterrichtet werden. Gleichzeitig sind die Arbeitsbedingungen für Lehrer oft wenig attraktiv. Übervolle Klassen, bürokratische Belastungen und ein Mangel an Unterstützung durch Schulträger und Verwaltung führen dazu, dass viele Lehrer frühzeitig aus dem Beruf aussteigen.

Die Probleme des Bildungssystems sind nicht nur ein gesellschaftliches, sondern auch ein wirtschaftliches Problem. In einer globalisierten und digitalisierten Welt hängt die Wettbewerbsfähigkeit eines Landes entscheidend von der Qualität seiner Bildung ab. Doch Deutschland verliert in diesem Bereich zunehmend an Boden. Länder wie Singapur, Südkorea oder Kanada haben gezeigt, dass gezielte Investitionen in Bildung nicht nur die wirtschaftliche Leistungsfähigkeit, sondern auch den sozialen Zusammenhalt stärken können. Deutschland hingegen hat es versäumt, ausreichend in sein Bildungssystem zu investieren. Laut einer OECD-Studie gibt Deutschland pro Schüler weniger aus als viele vergleichbare Industrienationen, und das trotz der hohen Anforderungen, die durch den demografischen Wandel und die Digitalisierung entstehen.

Die Verantwortung für diese Defizite liegt bei der Politik, die es seit Jahrzehnten versäumt hat, eine klare Vision für die Zukunft der Bildung zu entwickeln. Während einige Bundesländer versuchen, ihre Bildungssysteme zu modernisieren, fehlt es auf nationaler Ebene an einer einheitlichen Strategie. Die Große Koalition unter Angela Merkel konzentrierte sich vor allem auf den Ausbau von Ganztagsschulen und die Integration von Flüchtlingskindern, vernachlässigte jedoch die dringend notwendige Digitalisierung und Reform des Schulsystems. Auch die aktuelle Ampelkoalition hat bisher keine entscheidenden Schritte unternommen, um die strukturellen Probleme anzugehen. Stattdessen dominieren ideologische Debatten, etwa über die Abschaffung des Gymnasiums oder die Einführung eines Einheitsschulsystems, während die praktischen Probleme, wie der Mangel an Lehrern oder die schlechte Ausstattung der Schulen, ungelöst bleiben.

Die Defizite im Bildungssystem haben weitreichende Konsequenzen für die deutsche Gesellschaft und

Wirtschaft. Ein schlecht ausgebildeter Nachwuchs kann die Anforderungen des Arbeitsmarktes nicht erfüllen, was den Fachkräftemangel weiter verschärft. Gleichzeitig gefährdet die soziale Ungleichheit, die durch das Bildungssystem verstärkt wird, den sozialen Frieden. Ohne eine grundlegende Reform droht Deutschland, den Anschluss an die führenden Industrienationen zu verlieren und seine wirtschaftliche und gesellschaftliche Stabilität zu gefährden.

Die Bildungspolitik braucht einen Paradigmenwechsel. Es reicht nicht aus, die bestehenden Strukturen zu verwalten; es braucht mutige Reformen, die sich an den Anforderungen des 21. Jahrhunderts orientieren. Dazu gehören eine stärkere Zentralisierung der Bildungspolitik, um bundesweit einheitliche Standards zu schaffen, eine bessere Finanzierung der Schulen und Universitäten sowie gezielte Investitionen in die Digitalisierung und die Ausbildung von Lehrkräften. Nur so kann Deutschland die Talente fördern, die es braucht, um die Herausforderungen der Zukunft zu meistern.

Die Folgen der Bildungskrise sind weitreichend und betreffen alle Bereiche der Gesellschaft. Besonders gravierend sind die Auswirkungen auf den Arbeitsmarkt. Ein schlecht ausgebildeter Nachwuchs kann die Anforderungen moderner Arbeitsplätze nicht erfüllen, was die Wettbewerbsfähigkeit der deutschen Wirtschaft langfristig gefährdet. Schon heute berichten Unternehmen aus nahezu allen Branchen, dass sie Schwierigkeiten haben, qualifizierte Bewerber zu finden. Besonders betroffen sind Berufe, die eine fundierte naturwissenschaftliche oder technische Ausbildung erfordern. Der Mangel an Fachkräften in diesen Bereichen ist nicht nur ein wirtschaftliches Problem, sondern auch ein Symptom für die Schwächen des Bildungssystems. Während andere Länder gezielt in die Förderung von MINT-Fächern (Mathematik, Informatik, Naturwissenschaften und Technik) investieren, hinkt Deutschland hinterher. Schüler erhalten oft keinen ausreichenden Zugang zu modernen Laboren, Programmiersprachen oder technischen Projekten, die sie auf die Anforderungen des Arbeitsmarktes vorbereiten würden.

Ein weiteres Problem ist die unzureichende Förderung von Kindern aus bildungsfernen Haushalten. Obwohl Deutschland zu den wohlhabendsten Ländern der Welt gehört, sind die Bildungschancen hier stärker von der sozialen Herkunft abhängig als in vielen anderen Industrienationen. Kinder aus einkommensschwachen Familien haben oft nicht die

Möglichkeit, Nachhilfe zu nehmen, an außerschulischen Aktivitäten teilzunehmen oder von einem unterstützenden Umfeld zu profitieren. Gleichzeitig fehlt es an gezielten Programmen, die diese Kinder fördern könnten. In Finnland, einem Land, das oft als Vorbild für Bildungsgerechtigkeit genannt wird, erhalten Schüler in den ersten Schuljahren individuell zugeschnittene Unterstützung, um sicherzustellen, dass niemand zurückbleibt. Deutschland hingegen investiert vergleichsweise wenig in frühkindliche Bildung, obwohl diese entscheidend dafür ist, die Grundlagen für späteren Erfolg zu legen.

Die Hochschulbildung steht ebenfalls unter Druck. Universitäten und Fachhochschulen kämpfen mit überfüllten Hörsälen, einem Mangel an Dozenten und einer oft veralteten Infrastruktur. Besonders in den MINT-Fächern fehlen ausreichend Studienplätze, was dazu führt, dass viele talentierte junge Menschen keine Chance auf eine qualitativ hochwertige Ausbildung in Deutschland haben. Gleichzeitig sind die Studieninhalte oft nicht ausreichend auf die Anforderungen der Praxis abgestimmt. Viele Absolventen klagen, dass sie nach ihrem Abschluss nur unzureichend auf die Arbeitswelt vorbereitet sind. Dies zeigt, dass das deutsche Bildungssystem nicht nur an der Basis, sondern auch an der Spitze Reformbedarf hat.

Die politische Verantwortung für diese Missstände ist eindeutig. Über Jahrzehnte hinweg haben verschiedene Regierungen versäumt, ausreichend in die Bildung zu investieren und notwendige Reformen umzusetzen. Während Länder wie Singapur oder Südkorea langfristige Bildungsstrategien entwickelt haben, die auf Innovation und Chancengleichheit abzielen, herrscht in Deutschland eine Politik des Flickwerks. Bildung wird oft als Aufgabe der Länder gesehen, während der Bund sich aus der Verantwortung zieht. Diese Aufgabenteilung führt dazu, dass wichtige Entscheidungen verzögert oder gar nicht getroffen werden. Gleichzeitig wird Bildungspolitik häufig ideologisch aufgeladen, was eine sachliche Diskussion erschwert. Statt darüber zu debattieren, wie das Bildungssystem an die Anforderungen des 21. Jahrhunderts angepasst werden kann, dominieren oft Diskussionen über ideologische Fragen wie die Abschaffung des Gymnasiums oder die Einführung einer Gesamtschule.

Ein weiterer Aspekt, der oft übersehen wird, ist die Frage der Attraktivität des Lehrerberufs. Viele junge Menschen entscheiden sich bewusst gegen eine

Karriere als Lehrer, weil sie die Arbeitsbedingungen und die gesellschaftliche Wertschätzung als unzureichend empfinden. Besonders in naturwissenschaftlichen Fächern, wo Absolventen auch in der freien Wirtschaft gute Karrierechancen haben, fällt es schwer, qualifizierte Lehrkräfte zu gewinnen. Länder wie Finnland zeigen, dass dies auch anders geht: Dort genießen Lehrer ein hohes Ansehen und erhalten eine Ausbildung, die ihnen nicht nur pädagogisches, sondern auch wissenschaftliches Know-how vermittelt. Deutschland müsste viel mehr in die Ausbildung und Weiterbildung seiner Lehrer investieren, um sicherzustellen, dass diese den Anforderungen einer modernen Bildung gerecht werden können.

Ein weiteres Versäumnis liegt in der mangelnden Zusammenarbeit zwischen Wirtschaft und Bildungssystem. Während viele Unternehmen beklagen, dass Absolventen nicht über die notwendigen Fähigkeiten verfügen, gibt es nur wenige systematische Ansätze, um die Bedürfnisse des Arbeitsmarktes besser mit den Lehrplänen der Schulen und Universitäten zu verknüpfen. Länder wie die Schweiz haben hier eine Vorreiterrolle übernommen. Durch ein duales Bildungssystem, das Theorie und Praxis eng miteinander verbindet, werden junge Menschen optimal auf die

Anforderungen des Berufslebens vorbereitet. Deutschland hat zwar ebenfalls ein duales System, doch dieses verliert zunehmend an Attraktivität. Viele Jugendliche entscheiden sich gegen eine Ausbildung, weil sie diese als unmodern oder wenig lukrativ empfinden. Dies zeigt, dass auch hier dringend Reformen notwendig sind, um die Berufsausbildung wieder attraktiver zu machen.

Die internationalen Konsequenzen der Bildungsmisere sind nicht zu unterschätzen. In einer globalisierten Welt, in der Wissen und Technologie entscheidend für den wirtschaftlichen Erfolg sind, droht Deutschland, den Anschluss zu verlieren. Länder wie China investieren Milliarden in ihre Bildungssysteme, um eine hochqualifizierte Arbeiterschaft und eine kreative Elite hervorzubringen. Gleichzeitig ziehen viele deutsche Talente ins Ausland, weil sie dort bessere Studien- und Arbeitsbedingungen vorfinden. Diese „Brain-Drain" genannte Abwanderung hochqualifizierter Fachkräfte ist ein alarmierendes Zeichen dafür, dass Deutschland nicht nur neue Talente gewinnen, sondern auch bestehende Talente halten muss.

Die Bildungskrise ist keine abstrakte Herausforderung, sondern eine konkrete Gefahr für die Zukunft Deutschlands. Ohne eine grundlegende

Reform des Bildungssystems droht das Land, seine wirtschaftliche Stärke und seinen sozialen Zusammenhalt zu verlieren. Es braucht eine nationale Bildungsstrategie, die alle Ebenen – von der frühkindlichen Bildung bis zur Weiterbildung von Erwachsenen – in den Blick nimmt. Nur durch gezielte Investitionen, mutige Reformen und eine enge Zusammenarbeit zwischen Politik, Wirtschaft und Gesellschaft kann Deutschland die Herausforderungen der Zukunft meistern und seinen Platz als führende Industrienation behaupten.

In einer Welt, die immer stärker von Technologie und Daten geprägt ist, gilt Digitalisierung als Schlüssel zu wirtschaftlicher Stärke und gesellschaftlicher Innovation. Deutschland, einst bekannt für seine Ingenieurskunst und industrielle Exzellenz, findet sich jedoch zunehmend in der Rolle eines Nachzüglers wieder. Während Länder wie die USA, China und Südkorea massive Investitionen in digitale Infrastruktur, künstliche Intelligenz (KI) und technologische Innovationen tätigen, kämpft Deutschland mit einem Rückstand, der weitreichende Folgen für die wirtschaftliche und gesellschaftliche Entwicklung hat.

Die Ursachen dieses Rückstands sind vielfältig. Einer der zentralen Gründe ist die mangelnde Priorisierung der Digitalisierung in der Politik. Über Jahre hinweg wurde das Thema stiefmütterlich behandelt, da der Fokus auf der traditionellen Industrie lag. Die Große Koalition unter Angela Merkel hat zwar immer wieder Digitalstrategien angekündigt, doch deren Umsetzung blieb oft unzureichend. Ein Beispiel hierfür ist der schleppende Breitbandausbau. Während Länder wie Südkorea oder Estland flächendeckend schnelles Internet anbieten, gibt es in Deutschland noch immer Regionen, die kaum Zugang zu leistungsfähigen Netzwerken haben. Besonders in ländlichen Gebieten sind die Defizite gravierend. Unternehmen, die auf schnelle Datenübertragung angewiesen sind, kämpfen mit langsamen Verbindungen, was ihre Wettbewerbsfähigkeit massiv beeinträchtigt.

Der schleppende Breitbandausbau ist jedoch nur die Spitze des Eisbergs. Auch in zentralen Zukunftstechnologien wie künstlicher Intelligenz, Quantencomputing oder Blockchain hinkt Deutschland hinterher. Während die USA und China Milliarden in die Entwicklung und Anwendung dieser Technologien investieren, bleiben deutsche Unternehmen und Forschungseinrichtungen oft unterfinanziert. Ein Beispiel ist die KI-Forschung, ein Bereich, der als entscheidend für die zukünftige Wettbewerbsfähigkeit gilt. Laut einer Studie des Digitalverbandes Bitkom liegt Deutschland bei den weltweiten Investitionen in KI nur auf Platz 8 – weit hinter Ländern wie den USA oder China. Dies hat zur Folge, dass viele deutsche Unternehmen Technologien aus dem Ausland importieren müssen, anstatt selbst Innovationsführer zu sein.

Die politische Verantwortung für diesen Rückstand liegt klar bei den Regierungen der letzten Jahrzehnte. Trotz zahlreicher Ankündigungen, Deutschland zur digitalen Vorzeigenation zu machen, fehlte es an konkreten Maßnahmen und langfristigen Strategien. Die sogenannte „Digitale Agenda 2014–2017" der Bundesregierung sollte die Digitalisierung in Deutschland vorantreiben, blieb jedoch in der Umsetzung weit hinter den Erwartungen zurück. Ähnlich verhielt es sich mit dem „Digitalpakt Schule", der 2019 eingeführt wurde, um Schulen besser auf die digitale Zukunft vorzubereiten. Obwohl der Bund hierfür fünf Milliarden Euro bereitstellte, kamen die Mittel aufgrund bürokratischer Hürden und mangelnder Koordination zwischen Bund und Ländern nur schleppend bei den Schulen an. Viele Schüler und Lehrer warteten jahrelang auf digitale Endgeräte oder funktionierende WLAN-Netzwerke – ein Zustand, der besonders während der Corona-Pandemie offensichtlich wurde.

Die wirtschaftlichen Folgen dieses digitalen Rückstands sind erheblich. Laut einer Studie des Weltwirtschaftsforums könnte Deutschland bis 2030 rund 220 Milliarden Euro an Wirtschaftswachstum verlieren, wenn es nicht gelingt, den Rückstand in der Digitalisierung aufzuholen. Besonders betroffen sind kleine und mittelständische Unternehmen

(KMU), die oft nicht über die Ressourcen verfügen, um in digitale Technologien zu investieren. Diese Unternehmen, die das Rückgrat der deutschen Wirtschaft bilden, verlieren dadurch Marktanteile an international besser aufgestellte Konkurrenten. Gleichzeitig wird die Innovationskraft der deutschen Wirtschaft geschwächt, da viele neue Geschäftsfelder – von der Plattformökonomie bis hin zu datengetriebenen Geschäftsmodellen – in anderen Ländern entstehen.

Auch gesellschaftlich hat der digitale Rückstand weitreichende Konsequenzen. Die ungleiche Verfügbarkeit von digitaler Infrastruktur verstärkt die Spaltung zwischen Stadt und Land. Während Menschen in Metropolregionen wie Berlin oder München Zugang zu Highspeed-Internet und digitalen Dienstleistungen haben, bleiben ländliche Regionen oft abgehängt. Dies hat nicht nur wirtschaftliche, sondern auch soziale Folgen, da Menschen in digitalen Randgebieten weniger Zugang zu Bildung, Gesundheitsdiensten und Arbeitsmöglichkeiten haben, die zunehmend digitalisiert werden.

Ein weiteres Problem ist die mangelnde digitale Bildung. Obwohl digitale Kompetenzen in nahezu allen Berufen immer wichtiger werden, fehlt es im deutschen Bildungssystem an einer systematischen Vermittlung dieser Fähigkeiten. Viele Schulen sind technisch schlecht ausgestattet, und die Lehrer fühlen sich nicht ausreichend auf den digitalen Unterricht vorbereitet. Dies führt dazu, dass eine ganze Generation von Schülern nicht die Fähigkeiten erlernt, die in der Arbeitswelt von morgen gefragt sein werden. Länder wie Estland haben gezeigt, wie digitale Bildung erfolgreich umgesetzt werden kann. Dort lernen Schüler bereits in der Grundschule Programmieren und den sicheren Umgang mit digitalen Technologien. Deutschland hingegen diskutiert noch immer über die grundlegende Ausstattung der Schulen mit Tablets und Laptops.

Die politische Debatte über die Digitalisierung wird zudem durch ideologische Konflikte und kurzsichtige Interessen blockiert. Während einige Parteien vor allem auf Datenschutz und ethische Fragen fokussiert sind, sehen andere die Digitalisierung primär als Wirtschaftsthema. Diese fragmentierte Herangehensweise führt dazu, dass wichtige Entscheidungen verzögert oder gar nicht getroffen werden. Gleichzeitig fehlt es an einer klaren Vision, wie Deutschland in der digitalen Welt eine führende Rolle übernehmen kann. Länder wie China und die USA haben erkannt, dass Digitalisierung nicht nur eine wirtschaftliche, sondern auch eine geopolitische

Dimension hat. Deutschland hingegen agiert oft zögerlich und reagiert lediglich auf Entwicklungen, anstatt selbst Akzente zu setzen.

Die Digitalisierung ist kein Selbstzweck, sondern eine Grundlage für die Lösung vieler anderer Herausforderungen, von der Energiewende bis hin zur Modernisierung des Gesundheitswesens. Ohne eine konsequente Digitalstrategie droht Deutschland, in vielen Bereichen den Anschluss zu verlieren. Es braucht massive Investitionen in die digitale Infrastruktur, eine stärkere Förderung von Forschung und Entwicklung sowie eine grundlegende Reform des Bildungssystems, um digitale Kompetenzen frühzeitig zu vermitteln. Gleichzeitig muss die Politik klare Prioritäten setzen und bürokratische Hürden abbauen, um die Umsetzung von Digitalisierungsprojekten zu beschleunigen.

Zusammenfassend lässt sich sagen, dass der digitale Rückstand Deutschlands nicht nur ein wirtschaftliches Problem ist, sondern eine Bedrohung für die Zukunftsfähigkeit des gesamten Landes darstellt. Ohne eine grundlegende Kehrtwende droht Deutschland, seine Position als führende Industrienation zu verlieren und in der digitalen Welt des 21. Jahrhunderts zur Randfigur zu werden.

Die strategische Bedeutung der Digitalisierung wird in Deutschland häufig unterschätzt. In einer globalisierten Welt entscheidet der Zugang zu und die Beherrschung von Technologie zunehmend über die wirtschaftliche und politische Stellung eines Landes. Länder wie die USA und China haben erkannt, dass technologische Souveränität nicht nur eine Frage der wirtschaftlichen Wettbewerbsfähigkeit, sondern auch der nationalen Sicherheit ist. Beide Länder investieren massiv in Forschung und Entwicklung und fördern gezielt Schlüsseltechnologien wie künstliche Intelligenz, Quantencomputing und Halbleiterproduktion. Deutschland hingegen bleibt in vielen dieser Bereiche ein Nachzügler. Während die USA mit Unternehmen wie Google, Microsoft und OpenAI die globale KI-Entwicklung dominieren und China durch staatlich geförderte Tech-Giganten wie Alibaba und Baidu aufholt, ist Deutschland stark von ausländischen Technologien abhängig. Diese Abhängigkeit birgt nicht nur wirtschaftliche Risiken, sondern macht das Land auch anfällig für geopolitische Spannungen und Lieferkettenunterbrechungen.

Ein besonders alarmierendes Beispiel ist der Halbleitermangel, der während der Corona-Pandemie die deutsche Automobilindustrie massiv beeinträchtigte. Halbleiter sind das Herzstück nahezu aller modernen Technologien, von Smartphones über Autos bis hin zu Künstlicher Intelligenz. Deutschland verfügt jedoch kaum über eigene Produktionskapazitäten und ist daher auf Importe aus Ländern wie Taiwan und Südkorea angewiesen. Als die Lieferketten durch die Pandemie unterbrochen wurden, mussten Unternehmen wie Volkswagen und BMW ihre Produktion drosseln, was zu Milliardenverlusten führte. Diese Krise hat die Dringlichkeit einer nationalen oder europäischen Halbleiterstrategie deutlich gemacht. Länder wie die USA haben darauf reagiert, indem sie Milliarden in den Aufbau eigener Produktionskapazitäten investierten. Deutschland hingegen diskutiert noch immer über die Umsetzung ähnlicher Maßnahmen, während die Abhängigkeit von asiatischen Herstellern weiterbesteht.

Die fehlende digitale Infrastruktur hat nicht nur wirtschaftliche, sondern auch soziale Folgen. Besonders in ländlichen Gebieten zeigt sich die digitale Spaltung Deutschlands. Während Metropolregionen wie München oder Hamburg Zugang zu Highspeed-Internet und modernster Technologie haben, sind viele ländliche Regionen noch immer von einer unzureichenden Netzabdeckung betroffen. Diese Disparitäten verstärken die Kluft zwischen Stadt und Land und führen dazu, dass Menschen in weniger gut erschlossenen Gebieten von den Vorteilen der Digitalisierung ausgeschlossen werden. Unternehmen in diesen Regionen verlieren an Wettbewerbsfähigkeit, da sie auf veraltete Technologien angewiesen sind, und junge Menschen wandern in die Städte ab, um bessere Bildungs- und Arbeitsmöglichkeiten zu finden. Dies verstärkt den Trend der Landflucht und gefährdet die wirtschaftliche und soziale Stabilität vieler Regionen.

Die Folgen der digitalen Rückständigkeit zeigen sich auch im Gesundheitswesen. Während andere Länder bereits erfolgreich digitale Lösungen implementieren, um die Effizienz und Qualität der Gesundheitsversorgung zu verbessern, bleibt Deutschland weit hinter den Möglichkeiten zurück. Elektronische Patientenakten, Telemedizin und KI-gestützte Diagnosen könnten dazu beitragen, die Versorgung zu verbessern und Kosten zu senken. Doch diese Technologien werden in Deutschland nur zögerlich eingeführt, da es an einer klaren Strategie und an interoperablen Systemen fehlt. Besonders während der Corona-Pandemie wurde deutlich, wie stark das Gesundheitswesen unter der mangelnden Digitalisierung leidet. Impfkampagnen wurden durch fehlerhafte oder fehlende Daten verzögert, und der

Austausch zwischen Gesundheitsämtern war oft durch Faxgeräte und analoge Systeme behindert.

Ein weiteres Feld, in dem Deutschland den Anschluss zu verlieren droht, ist die Plattformökonomie. Digitale Plattformen wie Amazon, Alibaba oder Uber haben die Art und Weise, wie Geschäfte abgewickelt werden, revolutioniert. Sie dominieren nicht nur den Handel, sondern schaffen auch neue Märkte und Geschäftsmodelle. Deutsche Unternehmen haben es jedoch bisher nicht geschafft, eigene Plattformen aufzubauen, die international konkurrenzfähig sind. Stattdessen sind sie oft nur Nutzer dieser Plattformen und verlieren dadurch einen erheblichen Teil der Wertschöpfungskette. Die Politik hat dieses Problem weitgehend ignoriert und es versäumt, Anreize für die Entwicklung eigener Plattformen zu schaffen. Ohne eine stärkere Unterstützung droht Deutschland, in diesem Bereich dauerhaft abhängig von ausländischen Anbietern zu bleiben.

Die Frage der digitalen Bildung ist ein weiterer kritischer Punkt, der eng mit dem technologischen Rückstand Deutschlands verknüpft ist. Bereits in der Grundschule müssen Schüler lernen, digitale Technologien nicht nur zu nutzen, sondern auch zu verstehen. Programmierkenntnisse, Datenanalyse und ein kritischer Umgang mit sozialen Medien sollten genauso selbstverständlich sein wie Mathematik oder Deutsch. Doch das deutsche Bildungssystem ist weit davon entfernt, diese Anforderungen zu erfüllen. Viele Lehrer sind selbst nicht ausreichend geschult, um digitale Kompetenzen zu vermitteln, und die Lehrpläne sind oft veraltet. Dies führt dazu, dass viele Schüler nicht die Fähigkeiten entwickeln, die in der Arbeitswelt von morgen gefragt sein werden. Länder wie Estland oder Finnland zeigen, dass digitale Bildung auch mit begrenzten Ressourcen erfolgreich umgesetzt werden kann, wenn sie konsequent priorisiert wird. Deutschland hingegen diskutiert noch immer über die grundlegende Ausstattung der Schulen mit Tablets und Laptops.

Die politische Verantwortung für den digitalen Rückstand Deutschlands ist eindeutig. Über Jahre hinweg haben verschiedene Regierungen versäumt, eine klare Vision für die Digitalisierung zu entwickeln. Während andere Länder langfristige Strategien verfolgten, die auf Innovation und technologische Souveränität abzielen, agierte Deutschland oft zögerlich und reaktiv. Bürokratische Hürden, ein Mangel an Investitionen und die fragmentierte Zuständigkeit zwischen Bund, Ländern und Gemeinden haben dazu geführt, dass viele

Digitalisierungsprojekte scheiterten oder nur schleppend umgesetzt wurden. Ein Beispiel hierfür ist das Onlinezugangsgesetz, das alle Verwaltungsdienste bis 2022 digitalisieren sollte. Bis heute sind jedoch viele dieser Dienste nicht verfügbar, da die Verantwortlichkeiten zwischen Bund und Ländern nicht klar geregelt sind.

Die Digitalisierung ist kein Luxus, sondern eine Notwendigkeit, um die wirtschaftliche und gesellschaftliche Zukunft Deutschlands zu sichern. Ohne eine grundlegende Kehrtwende droht das Land, den Anschluss an die führenden Industrienationen zu verlieren. Es braucht massive Investitionen in die digitale Infrastruktur, eine stärkere Förderung von Forschung und Entwicklung sowie eine grundlegende Reform des Bildungssystems, um digitale Kompetenzen frühzeitig zu vermitteln. Gleichzeitig muss die Politik klare Prioritäten setzen und bürokratische Hürden abbauen, um die Umsetzung von Digitalisierungsprojekten zu beschleunigen. Nur durch eine entschlossene und koordinierte Digitalstrategie kann Deutschland seine Wettbewerbsfähigkeit sichern und die Vorteile der digitalen Revolution nutzen.

Die europäische Perspektive spielt eine zentrale Rolle, wenn es um die Digitalisierung Deutschlands geht. Deutschland ist nicht isoliert, sondern Teil der Europäischen Union, die ebenfalls mit digitalen Herausforderungen kämpft. Die EU hat sich das Ziel gesetzt, technologisch unabhängiger zu werden und durch Initiativen wie den „Digital Compass 2030" oder die „Europäische Datenstrategie" eigene Standards zu setzen. Doch diese Vorhaben scheitern oft an der mangelnden Zusammenarbeit zwischen den Mitgliedsstaaten. Deutschland, als größte Volkswirtschaft Europas, hätte die Möglichkeit, hier eine Führungsrolle zu übernehmen, tut dies jedoch nicht. Stattdessen agiert das Land oft zögerlich, wodurch wichtige Projekte wie die Schaffung eines europäischen Cloud-Systems (Gaia-X) oder der Aufbau von 5G-Netzen nur schleppend vorankommen. Diese Untätigkeit gefährdet nicht nur die digitale Wettbewerbsfähigkeit Europas, sondern auch die wirtschaftliche Sicherheit der Mitgliedsstaaten.

Ein Bereich, in dem Deutschland ebenfalls zurückbleibt, ist die Förderung von Start-ups und innovativen Unternehmen. Start-ups gelten weltweit als Treiber technologischer Innovationen, da sie oft agiler und risikofreudiger sind als etablierte Unternehmen. Länder wie die USA oder Israel haben ein florierendes Start-up-Ökosystem geschaffen, das durch gezielte staatliche Unterstützung und den Zugang zu Risikokapital gefördert wird. Deutschland hingegen hat es versäumt, vergleichbare Bedingungen zu schaffen. Viele Gründer klagen über bürokratische Hürden, mangelnde Finanzierungsmöglichkeiten und eine Kultur, die das Scheitern stigmatisiert. Laut einer Studie des Beratungsunternehmens EY ist die Zahl der Start-up-Gründungen in Deutschland in den letzten Jahren sogar zurückgegangen, während sie in anderen Ländern gestiegen ist. Dies zeigt, dass Deutschland nicht nur in der Umsetzung bestehender Technologien, sondern auch in der Entwicklung neuer Ideen hinterherhinkt.

Die digitale Rückständigkeit zeigt sich auch in der öffentlichen Verwaltung. Während Bürger in Estland nahezu alle Behördengänge online erledigen können, ist die Digitalisierung der Verwaltung in Deutschland ein Flickenteppich aus Pilotprojekten und Insellösungen. Viele Behörden arbeiten noch immer mit analogen Akten, Faxgeräten und veralteten IT-Systemen, was die Effizienz massiv beeinträchtigt. Ein Beispiel hierfür ist die Beantragung von Sozialleistungen, die in Deutschland oft mit wochenlangen Wartezeiten und umfangreichem Papierkram verbunden ist. Diese Zustände frustrieren nicht nur die Bürger, sondern kosten auch Milliarden Euro, die durch effizientere Prozesse eingespart werden könnten. Besonders gravierend ist die mangelnde Vernetzung der Behörden, die dazu führt, dass Daten mehrfach erfasst werden müssen und der Austausch zwischen verschiedenen Ämtern oft scheitert.

Ein weiteres Problem ist die fehlende Cybersicherheit. Mit der zunehmenden Digitalisierung wächst auch die Gefahr von Cyberangriffen, die sowohl Unternehmen als auch öffentliche Institutionen betreffen. Deutschland hat in den letzten Jahren mehrere schwerwiegende Hackerangriffe erlebt, die zeigten, wie verwundbar das Land in diesem Bereich ist. Ein besonders prominentes Beispiel war der Angriff auf das IT-System des Deutschen Bundestags im Jahr 2015, bei dem Hacker Zugang zu sensiblen Daten erhielten. Trotz dieser Warnsignale wurde die Cybersicherheit in Deutschland lange Zeit vernachlässigt. Erst in den letzten Jahren wurden mit der Einrichtung des Bundesamts für Sicherheit in der Informationstechnik (BSI) und der Verabschiedung des IT-Sicherheitsgesetzes erste Schritte unternommen, doch diese reichen bei weitem nicht aus. Die zunehmende Abhängigkeit von digitalen Technologien macht es notwendig, Cybersicherheit zu einem zentralen Bestandteil der nationalen Sicherheitsstrategie zu machen.

Auch die gesellschaftliche Dimension der Digitalisierung wird oft übersehen. Viele Menschen fühlen sich von den schnellen technologischen Veränderungen überfordert und befürchten, dass sie nicht mit den Anforderungen Schritt halten können. Besonders ältere Menschen und Menschen mit geringer formaler Bildung haben Schwierigkeiten, digitale Technologien in ihren Alltag zu integrieren. Diese digitale Spaltung gefährdet den sozialen Zusammenhalt, da ein Teil der Bevölkerung von den Vorteilen der Digitalisierung ausgeschlossen bleibt. Gleichzeitig gibt es in der Gesellschaft eine weit verbreitete Skepsis gegenüber digitalen Technologien, die oft mit Ängsten vor Überwachung, Datenmissbrauch und Arbeitsplatzverlust verbunden ist. Diese Bedenken sind nicht unbegründet, doch sie dürfen nicht dazu führen, dass notwendige digitale Innovationen blockiert werden. Stattdessen braucht es mehr Aufklärung und den Aufbau eines Vertrauensverhältnisses zwischen Bürgern, Unternehmen und Staat.

Die Versäumnisse Deutschlands in der Digitalisierung sind nicht nur ein Problem der Vergangenheit, sondern haben konkrete Folgen für die Zukunft. Die

Energiewende, die Transformation der Automobilindustrie und die Modernisierung des Gesundheitswesens – all diese Herausforderungen hängen direkt von einer funktionierenden digitalen Infrastruktur und technologischen Innovationsfähigkeit ab. Ohne eine konsequente Digitalisierung droht Deutschland, in diesen Bereichen den Anschluss zu verlieren und seine Stellung als führende Industrienation zu gefährden.

Um den digitalen Rückstand aufzuholen, braucht Deutschland eine umfassende Strategie, die weit über einzelne Projekte hinausgeht. Es braucht massive Investitionen in digitale Infrastruktur, die Förderung von Forschung und Entwicklung sowie eine stärkere Unterstützung für Start-ups und kleine Unternehmen. Gleichzeitig muss die Cybersicherheit gestärkt und die digitale Bildung in Schulen, Universitäten und der Erwachsenenbildung ausgebaut werden. Dies erfordert nicht nur finanzielle Mittel, sondern auch einen politischen Willen, der in den letzten Jahrzehnten oft gefehlt hat.

Die Digitalisierung ist keine Option, sondern eine Notwendigkeit, um die wirtschaftliche und gesellschaftliche Zukunft Deutschlands zu sichern. Nur durch eine entschlossene und koordinierte

Digitalstrategie kann das Land seine Wettbewerbsfähigkeit bewahren und die Vorteile der digitalen Revolution nutzen. Die Zeit des Zögerns muss vorbei sein – es ist höchste Zeit, dass Deutschland den Mut findet, in die digitale Zukunft zu investieren.

Deutschland galt lange als eine stabile Demokratie, die aus den Lehren ihrer Vergangenheit eine politische Kultur des Ausgleichs und der Mitte entwickelt hat. Doch in den letzten Jahren hat sich das politische Klima deutlich verändert. Populistische Parteien und Bewegungen gewinnen an Einfluss, die gesellschaftliche Polarisierung nimmt zu, und das Vertrauen in die etablierten Parteien schwindet. Diese Entwicklungen stellen nicht nur die Demokratie in Deutschland auf die Probe, sondern wirken sich auch direkt auf die politische Handlungsfähigkeit des Landes aus.

Die Ursachen für den Aufstieg populistischer Kräfte sind vielfältig. Ein zentraler Faktor ist das Gefühl vieler Menschen, von der Politik nicht mehr gehört zu werden. Besonders in ländlichen Regionen, die unter wirtschaftlichem Strukturwandel und einer abnehmenden Versorgung mit Infrastruktur und Dienstleistungen leiden, wächst der Unmut über die vermeintliche Ignoranz der politischen Eliten. Parteien wie die Alternative für Deutschland (AfD) haben es geschafft, diese Unzufriedenheit für sich zu nutzen, indem sie einfache Antworten auf komplexe Probleme anbieten. Migration, Globalisierung und

Klimapolitik werden als Bedrohungen dargestellt, und die Schuld wird auf „die da oben" projiziert – eine Botschaft, die bei vielen Menschen auf fruchtbaren Boden fällt.

Ein weiterer Grund für die zunehmende Polarisierung ist die Rolle der sozialen Medien. Plattformen wie Facebook, Twitter und Telegram haben die politische Kommunikation grundlegend verändert. Während sie einerseits neue Räume für Diskussionen schaffen, fördern sie gleichzeitig die Verbreitung von Desinformation, Verschwörungstheorien und extremistischen Ansichten. Algorithmen, die auf maximale Aufmerksamkeit ausgerichtet sind, begünstigen die Verbreitung von polarisierenden Inhalten, was die gesellschaftliche Spaltung weiter vertieft. Studien zeigen, dass Menschen, die ihre politischen Informationen hauptsächlich aus sozialen Medien beziehen, stärker dazu neigen, extremen Positionen zuzustimmen. Diese Entwicklung hat dazu geführt, dass der öffentliche Diskurs in Deutschland zunehmend von Radikalisierung geprägt ist.

Die Folgen dieser Entwicklung sind gravierend. Populistische und extreme Parteien destabilisieren das politische System, indem sie den Konsens infrage stellen, der die Grundlage der deutschen Demokratie bildet. Besonders deutlich wird dies in den Parlamenten, wo populistische Parteien oft keine konstruktiven Vorschläge machen, sondern vor allem die Arbeit der anderen Fraktionen blockieren. Ein Beispiel hierfür ist die AfD, die in Landtagen und im Bundestag durch provokative Reden und gezielte Störungen auffällt, jedoch selten substanzielle Politik betreibt. Diese Strategie hat nicht nur den Effekt, dass die politische Arbeit erschwert wird, sondern trägt auch dazu bei, das Vertrauen der Bürger in die Institutionen weiter zu untergraben.

Ein weiteres Problem ist der wachsende Einfluss von Desinformation und „Fake News". Besonders während der Corona-Pandemie wurde deutlich, wie anfällig Teile der Bevölkerung für Verschwörungstheorien sind. Ob es um vermeintliche Geheimpläne der Regierung, die Gefährlichkeit des Virus oder die Wirkung von Impfstoffen ging – Desinformation wurde gezielt eingesetzt, um Misstrauen zu säen und die Gesellschaft zu spalten. Diese Dynamik wird nicht nur von inländischen Akteuren genutzt, sondern auch von ausländischen Staaten wie Russland, die gezielt versuchen, die westlichen Demokratien zu destabilisieren.

Die zunehmende Polarisierung hat auch direkte Auswirkungen auf die politische Kultur in Deutschland. Der Ton in der öffentlichen Debatte ist rauer geworden, und die Bereitschaft zum Kompromiss schwindet. Dies betrifft nicht nur die Beziehungen zwischen den Parteien, sondern auch die Gesellschaft insgesamt. Immer häufiger kommt es zu Konflikten zwischen verschiedenen Bevölkerungsgruppen, sei es in Bezug auf Migration, Klimapolitik oder soziale Gerechtigkeit. Diese Konflikte werden oft durch populistische Akteure instrumentalisiert, die bewusst eine „Wir gegen die"-Rhetorik verwenden, um die Gesellschaft weiter zu spalten.

Doch trotz dieser Herausforderungen gibt es auch positive Entwicklungen. Zivilgesellschaftliche Initiativen, Journalisten und Wissenschaftler arbeiten daran, die Demokratie zu stärken und Desinformation entgegenzuwirken. Bildungsprogramme, die kritisches Denken und Medienkompetenz fördern, spielen dabei eine wichtige Rolle. Gleichzeitig zeigt die Mehrheit der Bevölkerung eine hohe Unterstützung für demokratische Werte und ist bereit, sich für diese einzusetzen.

Die Politik steht vor der Aufgabe, das Vertrauen der Bürger zurückzugewinnen und den Einfluss populistischer Kräfte zu begrenzen. Dies erfordert nicht nur eine bessere Kommunikation, sondern auch konkrete Maßnahmen, um die Lebensrealität der Menschen zu verbessern. Ländliche Regionen müssen stärker gefördert, soziale Ungleichheiten abgebaut und die politische Partizipation gestärkt werden. Nur durch eine Politik, die die Sorgen und Bedürfnisse der Menschen ernst nimmt, kann die Demokratie ihre Widerstandskraft bewahren.

Zusammenfassend lässt sich sagen, dass die Demokratie in Deutschland vor einer Bewährungsprobe steht. Populistische und extreme Kräfte bedrohen nicht nur die politische Stabilität, sondern auch den gesellschaftlichen Zusammenhalt. Es liegt an Politik, Gesellschaft und jedem Einzelnen, diesen Herausforderungen entschlossen entgegenzutreten und die Grundlagen der Demokratie zu verteidigen.

Die Zunahme populistischer Bewegungen und die damit einhergehende Polarisierung der Gesellschaft sind keine isolierten Phänomene, sondern spiegeln tiefere gesellschaftliche Umbrüche wider. Historisch betrachtet treten populistische Strömungen oft in Zeiten auf, in denen Menschen das Gefühl haben, dass die traditionellen Institutionen nicht mehr in der Lage sind, ihre Interessen zu vertreten. In Deutschland war dies zuletzt nach der Wiedervereinigung zu beobachten, als viele Menschen in den neuen Bundesländern das Gefühl hatten, vom wirtschaftlichen Aufschwung ausgeschlossen zu sein. Dieses Gefühl der Marginalisierung wurde von populistischen Akteuren aufgegriffen und instrumentalisiert. Parteien wie die AfD konnten sich in diesen Regionen fest etablieren, indem sie ein Narrativ des „Verrats" durch die etablierten Parteien schufen.

Ein entscheidender Faktor für den Aufstieg des Populismus ist die wachsende soziale Ungleichheit. Trotz des wirtschaftlichen Wohlstands, den Deutschland über Jahrzehnte hinweg aufgebaut hat, ist die Schere zwischen Arm und Reich größer geworden. Besonders in strukturschwachen Regionen und unter bestimmten Bevölkerungsgruppen, wie Geringverdienern oder Menschen mit Migrationshintergrund, hat sich das Gefühl verstärkt, von der Gesellschaft abgehängt zu sein. Populistische Bewegungen nutzen diese Unzufriedenheit, um einfache Lösungen für komplexe Probleme anzubieten. Migration, Globalisierung und technologische Veränderungen werden als Sündenböcke präsentiert, während die wahren Ursachen – wie strukturelle Defizite im Bildungssystem oder die mangelnde Förderung ländlicher Regionen – oft ignoriert werden.

Die Rolle der Medien, insbesondere der sozialen Medien, ist ebenfalls von zentraler Bedeutung. Plattformen wie Facebook, Twitter und YouTube haben die politische Kommunikation radikal verändert. Einerseits ermöglichen sie es Bürgern, sich direkt zu informieren und ihre Meinung auszudrücken, andererseits fördern sie die Verbreitung von Desinformation und extremistischen Inhalten. Algorithmen, die auf Engagement ausgelegt sind, belohnen oft polarisierende und emotionale Inhalte, was dazu führt, dass sich Nutzer in sogenannten „Echokammern" wiederfinden, in denen sie nur noch Informationen konsumieren, die ihre bestehenden Überzeugungen bestätigen. Diese Dynamik verstärkt die gesellschaftliche Spaltung und erschwert einen sachlichen Diskurs.

Ein weiteres Problem ist der Rückgang des Vertrauens in die traditionellen Medien. Viele Menschen fühlen sich von den großen Medienhäusern nicht mehr repräsentiert und suchen nach alternativen Quellen, die oft weniger objektiv und überprüft sind. Dies schafft einen fruchtbaren Boden für Verschwörungstheorien und gezielte

Desinformation. Während der Corona-Pandemie beispielsweise wurden Falschinformationen über Impfstoffe und Schutzmaßnahmen gezielt verbreitet, was nicht nur die öffentliche Gesundheit gefährdete, sondern auch das Vertrauen in die Wissenschaft und die Politik untergrub.

Die Auswirkungen des Populismus auf die demokratischen Institutionen sind gravierend. Populistische Parteien und Bewegungen zeichnen sich häufig durch eine anti-institutionelle Haltung aus. Sie greifen Gerichte, Parlamente und unabhängige Medien an, um deren Legitimität zu untergraben und sich selbst als einzige wahre Vertreter „des Volkes" zu inszenieren. Dieses Narrativ ist besonders gefährlich, da es die Grundlage der Demokratie – den Pluralismus – infrage stellt. In einer pluralistischen Gesellschaft gibt es keine einheitliche Definition dessen, was „das Volk" will; vielmehr müssen unterschiedliche Meinungen und Interessen ausgeglichen werden. Populisten jedoch behaupten oft, sie allein würden den wahren Willen des Volkes vertreten, was eine effektive Zusammenarbeit und den Kompromiss mit anderen Parteien erschwert.

Besonders problematisch ist die Tendenz populistischer Bewegungen, den öffentlichen Diskurs zu radikalisieren. Themen wie Migration, Klimawandel oder soziale Gerechtigkeit werden zunehmend mit einer „Wir gegen die"-Rhetorik diskutiert, die den gesellschaftlichen Zusammenhalt gefährdet. Diese Polarisierung erschwert es der Politik, auf komplexe Herausforderungen zu reagieren, da jede Entscheidung sofort als Sieg oder Niederlage einer bestimmten Gruppe wahrgenommen wird. Dies führt zu einem Teufelskreis: Je polarisierter die Gesellschaft ist, desto schwieriger wird es, konstruktive Lösungen zu finden, und desto mehr profitieren populistische Akteure von der Unzufriedenheit der Bürger.

Trotz dieser Herausforderungen gibt es auch Ansätze, um den Populismus einzudämmen und das Vertrauen in die Demokratie zu stärken. Ein wichtiger Schritt ist die Förderung von politischer Bildung, die Menschen befähigt, Desinformation zu erkennen und kritisch mit politischen Aussagen umzugehen. Schulen, Universitäten und zivilgesellschaftliche Organisationen können hier eine entscheidende Rolle spielen. Gleichzeitig muss die Politik transparenter und dialogorientierter werden. Viele Bürger fühlen sich von der Politik entfremdet, weil sie den Eindruck haben, dass Entscheidungen hinter verschlossenen Türen getroffen werden. Eine stärkere Einbindung der

Bürger in politische Prozesse, etwa durch Bürgerräte oder Referenden, könnte dazu beitragen, das Vertrauen in die demokratischen Institutionen wiederherzustellen.

Auch die Medien tragen eine Verantwortung, den öffentlichen Diskurs zu verbessern. Sie müssen ihre Rolle als „vierte Gewalt" stärken, indem sie sachlich berichten, Falschinformationen entlarven und unterschiedliche Perspektiven ausgewogen darstellen. Gleichzeitig sollten soziale Medien stärker reguliert werden, um die Verbreitung von Desinformation und extremistischen Inhalten einzudämmen. Länder wie Kanada oder Australien haben gezeigt, dass eine kluge Regulierung der Plattformen möglich ist, ohne die Meinungsfreiheit einzuschränken.

Langfristig wird es darauf ankommen, die Ursachen für den Populismus anzugehen, anstatt nur die Symptome zu bekämpfen. Soziale Ungleichheit, regionale Disparitäten und die mangelnde Repräsentation bestimmter Bevölkerungsgruppen in der Politik sind zentrale Faktoren, die populistische Bewegungen stärken. Eine Politik, die gezielt darauf abzielt, diese Probleme zu lösen, könnte dazu beitragen, die Attraktivität populistischer Parteien zu verringern und den gesellschaftlichen Zusammenhalt zu stärken.

Deutschland steht vor der Herausforderung, die Errungenschaften seiner Demokratie zu bewahren und gleichzeitig auf die neuen Herausforderungen des 21. Jahrhunderts zu reagieren. Der Umgang mit Populismus und Polarisierung wird dabei eine Schlüsselrolle spielen. Es liegt an Politik, Gesellschaft und jedem Einzelnen, die Grundlagen der Demokratie zu verteidigen und für eine Zukunft zu kämpfen, in der Vielfalt und Dialog wieder stärker in den Mittelpunkt rücken.

Ein Blick auf den internationalen Kontext zeigt, dass der Aufstieg des Populismus kein rein deutsches Phänomen ist. In vielen westlichen Demokratien haben populistische Bewegungen in den letzten Jahren an Stärke gewonnen, von Donald Trumps Präsidentschaft in den USA über den Brexit in Großbritannien bis hin zu rechtspopulistischen Regierungen in Ungarn und Polen. Diese Entwicklungen zeigen, dass Populismus nicht nur eine Reaktion auf nationale Probleme ist, sondern auch durch globale Trends wie den wirtschaftlichen Strukturwandel, die Digitalisierung und die zunehmende Migration befeuert wird. Deutschland steht in diesem Kontext vor der Herausforderung, seine demokratischen Werte in einer Welt zu verteidigen, die immer stärker von autoritären Kräften geprägt wird. Länder wie China oder Russland nutzen die Schwäche der westlichen Demokratien gezielt aus, um ihre eigenen politischen Systeme als überlegen darzustellen und das Vertrauen in demokratische Institutionen zu untergraben.

Die wirtschaftliche Dimension des Populismus wird oft unterschätzt. Viele populistische Bewegungen profitieren von den sozialen und ökonomischen Spannungen, die durch den Wandel der Arbeitswelt verursacht werden. Die Digitalisierung und Automatisierung haben dazu geführt, dass ganze Berufsgruppen verschwinden oder sich radikal verändern. Besonders in Regionen, die stark von traditionellen Industrien geprägt sind, fühlen sich viele Menschen abgehängt. Populisten nutzen dieses Gefühl der Unsicherheit, um einfache Schuldzuweisungen zu präsentieren, etwa indem sie Migranten oder internationale Handelsabkommen für den Verlust von Arbeitsplätzen verantwortlich machen. Diese Erzählungen finden besonders in strukturschwachen Regionen Zuspruch, wo der wirtschaftliche Aufschwung der letzten Jahrzehnte oft nicht angekommen ist.

Ein weiteres Problem ist die politische Kultur, die durch den Einfluss des Populismus nachhaltig verändert wird. Populistische Bewegungen zeichnen sich oft durch eine aggressive Rhetorik aus, die den politischen Gegner nicht als legitimen Konkurrenten, sondern als Feind darstellt. Diese Haltung hat Auswirkungen auf die gesamte politische Landschaft. Auch etablierte Parteien übernehmen zunehmend populistische Elemente, um nicht an Boden zu verlieren. Ein Beispiel hierfür ist die Verschärfung der Migrationsdebatte, bei der selbst Parteien der Mitte oft auf einfache Antworten setzen, anstatt differenzierte Lösungen anzubieten. Diese Dynamik verschärft die Polarisierung und erschwert es, einen konstruktiven politischen Diskurs zu führen.

Die langfristigen Konsequenzen des Populismus für die Demokratie sind tiefgreifend. Besonders besorgniserregend ist der schleichende Verlust an Vertrauen in die demokratischen Institutionen. Populistische Bewegungen stellen oft die Legitimität von Wahlen, Gerichten oder Parlamenten infrage, was das Fundament der Demokratie untergräbt. Ein Beispiel hierfür ist die Strategie vieler populistischer Parteien, die Unabhängigkeit der Justiz anzugreifen, wie es in Polen und Ungarn zu beobachten ist. Solche Angriffe haben nicht nur rechtliche, sondern auch symbolische Bedeutung, da sie das Vertrauen der

Bürger in die Unparteilichkeit der staatlichen Institutionen erschüttern.

Die Rolle der Jugend in diesem Kontext ist von entscheidender Bedeutung. Junge Menschen sind oft empfänglicher für politische Ideale, fühlen sich jedoch gleichzeitig von der traditionellen Politik nicht ausreichend repräsentiert. Studien zeigen, dass die Wahlbeteiligung junger Menschen in vielen westlichen Demokratien zurückgeht, was ein Alarmsignal für die Zukunft der Demokratie ist. Populistische Bewegungen nutzen diese Entfremdung gezielt aus, um junge Wähler anzusprechen, oft mit emotionalisierten Kampagnen in den sozialen Medien. Gleichzeitig fehlt es an politischen Initiativen, die gezielt auf die Bedürfnisse und Sorgen der jungen Generation eingehen, etwa in den Bereichen Klimawandel, Bildung und digitale Transformation.

Ein entscheidender Ansatz, um den Populismus einzudämmen, liegt in der Stärkung des sozialen Zusammenhalts. Die Politik muss Wege finden, um die wachsenden sozialen und regionalen Ungleichheiten zu reduzieren, die den Nährboden für populistische Bewegungen bilden. Dazu gehört nicht nur die Förderung wirtschaftlich schwacher Regionen, sondern auch eine stärkere Investition in

Bildung, Gesundheitsversorgung und Infrastruktur. Diese Maßnahmen könnten dazu beitragen, das Vertrauen in die Politik wiederherzustellen und den Menschen das Gefühl zu geben, dass ihre Anliegen ernst genommen werden.

Darüber hinaus ist es wichtig, den Dialog zwischen verschiedenen gesellschaftlichen Gruppen zu fördern. Viele Menschen leben heute in sozialen und kulturellen „Blasen", die wenig Berührungspunkte mit anderen Perspektiven haben. Diese Isolation verstärkt die Polarisierung und erschwert den gesellschaftlichen Zusammenhalt. Initiativen, die den Austausch zwischen unterschiedlichen Gruppen fördern, könnten dazu beitragen, Vorurteile abzubauen und das Verständnis füreinander zu stärken. Ein Beispiel hierfür sind Bürgerräte, in denen Menschen aus verschiedenen sozialen und kulturellen Hintergründen zusammenkommen, um über politische Fragen zu diskutieren und Lösungen zu erarbeiten.

Die internationale Zusammenarbeit ist ein weiterer Schlüssel zur Bekämpfung des Populismus. Demokratien müssen stärker zusammenarbeiten, um gemeinsame Herausforderungen wie Desinformation, wirtschaftliche Ungleichheit und Klimawandel zu bewältigen. Institutionen wie die

Europäische Union könnten eine wichtige Rolle spielen, um gemeinsame Werte zu verteidigen und den Einfluss autoritärer Staaten einzudämmen. Gleichzeitig müssen internationale Organisationen transparenter und demokratischer werden, um das Vertrauen der Bürger in ihre Legitimität zu stärken.

Schließlich ist es entscheidend, die Resilienz der Demokratie zu stärken. Dazu gehört nicht nur die Verteidigung demokratischer Institutionen, sondern auch die Förderung einer politischen Kultur, die Vielfalt und Dialog wertschätzt. Populismus lebt von der Spaltung und der Vereinfachung – Demokratie hingegen von der Fähigkeit, unterschiedliche Perspektiven zusammenzubringen und komplexe Probleme gemeinsam zu lösen. Es liegt an allen gesellschaftlichen Akteuren, diese Werte zu verteidigen und die Demokratie für die Herausforderungen der Zukunft zu wappnen.

Deutschland ist das wirtschaftliche und politische Herz der Europäischen Union. Als größte Volkswirtschaft und einer der Gründungsstaaten profitiert Deutschland in vielerlei Hinsicht von der EU, sowohl wirtschaftlich als auch politisch. Der Binnenmarkt der EU, einer ihrer zentralen Pfeiler, ermöglicht deutschen Unternehmen den freien Zugang zu einem Markt mit über 450 Millionen Menschen. Diese Dimension hat maßgeblich dazu beigetragen, dass Deutschland zum Exportweltmeister wurde. Besonders die deutsche Automobilindustrie, der Maschinenbau und die Chemiebranche profitieren enorm vom Abbau von Handelshemmnissen und den einheitlichen Standards innerhalb der Union. Waren und Dienstleistungen können ohne Zölle oder langwierige bürokratische Verfahren exportiert werden, was deutschen Unternehmen enorme Wettbewerbsvorteile verschafft. Auch kleine und mittelständische Betriebe haben vom Binnenmarkt profitiert, da er ihnen den Zugang zu internationalen Märkten erleichtert hat, ohne dass sie große

Investitionen in den Aufbau von Handelsinfrastrukturen tätigen mussten.

Ein weiterer entscheidender Vorteil für Deutschland ist die Einführung des Euro. Die gemeinsame Währung hat nicht nur den Handel erleichtert, sondern auch dazu geführt, dass Deutschland von einer stabilen Währungsunion profitiert. In der Vergangenheit haben Länder wie Italien, Spanien oder Griechenland regelmäßig ihre Währungen abgewertet, um ihre eigene Wettbewerbsfähigkeit zu steigern. In der Eurozone ist dies nicht mehr möglich, was dazu führt, dass deutsche Produkte in diesen Ländern weiterhin konkurrenzfähig bleiben. Gleichzeitig hat der Euro Deutschland als sichere Anlagemöglichkeit attraktiv gemacht. In Zeiten globaler Unsicherheiten fließen Milliarden in deutsche Staatsanleihen, was es der Bundesrepublik ermöglicht hat, sich zu niedrigen Zinsen zu refinanzieren. Dies hat dem Staatshaushalt erheblichen Spielraum gegeben und Investitionen in Infrastruktur, Bildung und Forschung erleichtert.

Doch die Vorteile der EU für Deutschland gehen über die wirtschaftlichen Aspekte hinaus. Politisch hat die EU Deutschland eine Plattform gegeben, auf der es eine Führungsrolle übernehmen konnte, ohne den Verdacht des Hegemonialstrebens zu erwecken.

Nach den Verheerungen des Zweiten Weltkriegs war die europäische Einbindung ein entscheidender Faktor für die Wiederherstellung des internationalen Vertrauens in Deutschland. Heute wird die Bundesrepublik oft als Vermittler in internationalen Krisen angesehen, wobei die EU als multiplikatorische Kraft wirkt, die Deutschlands Einfluss auf der Weltbühne verstärkt. Ob es um Handelsabkommen, Klimapolitik oder geopolitische Konflikte geht – Deutschland kann durch die EU eine größere Hebelwirkung erzielen, als es allein möglich wäre.

Trotz dieser Vorteile gibt es auch erhebliche Nachteile, die sich aus Deutschlands Mitgliedschaft in der EU ergeben. Einer der zentralen Kritikpunkte ist die finanzielle Belastung. Deutschland ist der größte Nettozahler in der EU, was bedeutet, dass es mehr in den EU-Haushalt einzahlt, als es zurückerhält. Diese Zahlungen sind zwar notwendig, um wirtschaftlich schwächere Mitgliedsstaaten zu unterstützen und die Kohäsion der Union zu fördern, sie stoßen jedoch in der deutschen Bevölkerung immer wieder auf Kritik. Besonders in Krisenzeiten, wie während der Eurokrise, wurde die Frage laut, ob Deutschland unverhältnismäßig viel Verantwortung trägt. Die Rettungspakete für Griechenland und andere Länder der Eurozone wurden von vielen als

Belastung für deutsche Steuerzahler wahrgenommen, obwohl diese Maßnahmen langfristig auch Deutschlands eigene wirtschaftliche Stabilität sicherten.

Ein weiterer Nachteil ist die langsame Entscheidungsfindung innerhalb der EU. Aufgrund der Vielzahl von Mitgliedsstaaten mit unterschiedlichen Interessen dauert es oft Jahre, bis wichtige Entscheidungen getroffen werden. Deutschland, das in der Regel auf Stabilität und Konsens setzt, leidet besonders unter dieser Trägheit, da dringend benötigte Reformen in Bereichen wie der Klimapolitik, der Digitalisierung und der gemeinsamen Außenpolitik immer wieder blockiert werden. Gleichzeitig sehen sich deutsche Unternehmen durch die Vielzahl an EU-Regulierungen oft überfordert. Obwohl einheitliche Standards grundsätzlich positiv sind, empfinden viele Betriebe die bürokratischen Hürden als Belastung, die ihre Flexibilität und Innovationsfähigkeit einschränkt.

Ein weiteres Spannungsfeld ist die wachsende Ungleichheit innerhalb der EU. Während Deutschland von der Exportorientierung des Binnenmarkts profitiert, fühlen sich einige Mitgliedsstaaten benachteiligt, da sie nicht in der

Lage sind, in der gleichen Weise von der Union zu profitieren. Dies führt zu Spannungen, die Deutschlands Führungsrolle erschweren. Länder wie Ungarn und Polen werfen Deutschland vor, die EU für eigene wirtschaftliche Interessen zu instrumentalisieren, während südliche Mitgliedsstaaten wie Italien und Spanien mehr Solidarität in der Finanzpolitik einfordern. Diese Spannungen sind nicht nur eine Herausforderung für die Einheit der EU, sondern auch für Deutschland, das sich oft zwischen verschiedenen Interessen aufreiben muss.

Die Frage, welche Rolle Deutschland in der EU zukünftig einnehmen sollte, ist entscheidend für die Zukunft der Union. Einerseits hat Deutschland die Verantwortung, die europäische Einheit zu bewahren und die EU als politischen und wirtschaftlichen Block zu stärken. Andererseits muss es aufpassen, nicht als dominierende Macht wahrgenommen zu werden, da dies den Zusammenhalt der Union gefährden könnte. Deutschland könnte in den kommenden Jahren eine moderierende Rolle übernehmen, die stärker auf den Ausgleich der Interessen abzielt. Dies erfordert jedoch auch, dass Deutschland bereit ist, mehr Verantwortung in zentralen Bereichen wie der gemeinsamen Außen- und Sicherheitspolitik zu übernehmen. Die EU wird in einer Welt, die zunehmend von geopolitischen Spannungen geprägt ist, nur bestehen können, wenn sie geschlossen handelt. Deutschland sollte dabei eine Führungsrolle einnehmen, ohne autoritär aufzutreten. Gleichzeitig muss es eigene Interessen klarer definieren und vertreten, etwa in der Handelspolitik oder im Bereich der Energieversorgung.

Zusammenfassend lässt sich sagen, dass Deutschland eine Schlüsselrolle in der EU spielt – mit allen Vor- und Nachteilen, die dies mit sich bringt. Die EU hat Deutschland wirtschaftlich und politisch gestärkt, bringt jedoch auch Herausforderungen mit sich, die nicht ignoriert werden können. Die Kunst wird darin bestehen, eine Balance zwischen Eigeninteressen und Solidarität zu finden und gleichzeitig die Einheit der EU zu bewahren. Deutschland hat die Möglichkeit, die EU in eine stabile und erfolgreiche Zukunft zu führen, doch dies erfordert kluge und weitsichtige Politik.

Ein wichtiger Aspekt in der Diskussion um Deutschlands Rolle in der EU ist die historische Dimension. Nach dem Zweiten Weltkrieg war die europäische Einbindung Deutschlands nicht nur eine wirtschaftliche, sondern auch eine politische Notwendigkeit. Die Gründung der Europäischen Gemeinschaft für Kohle und Stahl (EGKS) im Jahr

1951, an der Deutschland, Frankreich und andere
Staaten beteiligt waren, legte den Grundstein für das
heutige Europa. Dieser Schritt war nicht nur eine
wirtschaftliche Kooperation, sondern ein Signal des
Vertrauensaufbaus und der Versöhnung zwischen
ehemaligen Kriegsgegnern. Deutschland profitierte
davon nicht nur wirtschaftlich, sondern auch
politisch, da es sich als verlässlicher Partner in
Europa etablieren konnte. Diese Integration
ermöglichte es Deutschland, seine Reputation nach
den Schrecken des Krieges wiederherzustellen und
eine Führungsrolle in der europäischen Politik
einzunehmen, ohne den Verdacht des
Hegemonialstrebens zu wecken.

Doch diese Führungsrolle ist heute schwieriger denn
je. Die EU ist von tiefen internen Spannungen
geprägt, die oft unterschiedliche Erwartungen an
Deutschland offenbaren. Einige Mitgliedsstaaten
sehen Deutschland als wirtschaftliche Lokomotive
und erwarten finanzielle Unterstützung und
Solidarität, insbesondere in Krisenzeiten. Andere
kritisieren Deutschlands dominierende Stellung und
werfen der Bundesrepublik vor, ihre wirtschaftliche
Stärke zu nutzen, um politische Entscheidungen in
der EU zu diktieren. Diese Doppelrolle – sowohl als
Vorbild und Anführer als auch als Zielscheibe von
Kritik – macht Deutschlands Position in der EU

komplex und anspruchsvoll. Besonders die Eurokrise hat gezeigt, wie schwierig es ist, einen Ausgleich zwischen den eigenen Interessen und den Erwartungen anderer Mitgliedsstaaten zu finden. Die Rettungspakete für Griechenland, Portugal und andere Länder wurden von einigen als Ausdruck deutscher Dominanz kritisiert, während sie in Deutschland selbst als unfaire Belastung der Steuerzahler wahrgenommen wurden.

Ein weiterer wichtiger Punkt ist die geopolitische Dimension der EU, in der Deutschland eine zentrale Rolle spielt. Die EU befindet sich in einer zunehmend multipolaren Welt, in der sie ihre Position gegenüber Großmächten wie den USA, China und Russland behaupten muss. Deutschland, als größte Volkswirtschaft der EU, hat eine besondere Verantwortung, Europa in dieser geopolitischen Konkurrenz zu stärken. Doch die Abhängigkeit von globalen Mächten stellt auch Deutschland vor Herausforderungen. Der Konflikt zwischen den USA und China, die geopolitischen Spannungen mit Russland und die zunehmende Unsicherheit über die globale Handelsordnung zwingen die EU, ihre strategische Autonomie zu stärken. Deutschland könnte hier eine führende Rolle übernehmen, indem es die europäische Verteidigungs- und Außenpolitik vorantreibt. Doch diese Verantwortung erfordert nicht nur politische Weitsicht, sondern auch ein Umdenken in der deutschen Politik, die lange Zeit auf Zurückhaltung und Kooperation ausgerichtet war.

Die Diskussion über die Zukunft Deutschlands in der EU wirft auch die Frage auf, wie die Union selbst reformiert werden sollte. Viele Experten sind sich einig, dass die EU in ihrer jetzigen Form nicht auf Dauer bestehen kann, wenn sie handlungsfähig bleiben will. Die langsame Entscheidungsfindung, die mangelnde Kohärenz in der Außenpolitik und die Uneinigkeit über zentrale Themen wie Migration und Klimapolitik schwächen die EU sowohl intern als auch extern. Deutschland könnte eine Schlüsselrolle dabei spielen, die EU in Richtung einer effizienteren und stärkeren Union zu reformieren. Dies könnte bedeuten, dass Deutschland bereit sein muss, Kompetenzen an europäische Institutionen abzugeben, etwa in den Bereichen Steuerpolitik oder Verteidigung. Gleichzeitig müsste Deutschland jedoch darauf achten, dass diese Reformen nicht als Versuch wahrgenommen werden, andere Länder zu dominieren oder ihre Souveränität zu untergraben.

Ein weiteres Feld, in dem Deutschland eine entscheidende Rolle spielen könnte, ist die Stärkung der europäischen Wirtschaftsintegration. Während der Binnenmarkt und die Währungsunion zweifellos Erfolgsgeschichten sind, gibt es noch erhebliche Unterschiede in der wirtschaftlichen Entwicklung der Mitgliedsstaaten. Besonders in Süd- und Osteuropa kämpfen viele Länder mit hoher Arbeitslosigkeit, niedriger Produktivität und schwacher Infrastruktur. Deutschland könnte eine aktivere Rolle dabei spielen, diese Disparitäten zu verringern, etwa durch gezielte Investitionen in strukturschwache Regionen oder die Förderung von Innovationsprogrammen, die alle Mitgliedsstaaten einbeziehen. Solche Maßnahmen würden nicht nur die wirtschaftliche Stabilität der EU stärken, sondern auch das Vertrauen in die Union fördern, das in vielen Ländern durch die Wahrnehmung von Ungleichheit geschwächt wurde.

Die Frage der Migration bleibt ebenfalls ein zentrales Thema, das Deutschlands Rolle in der EU beeinflusst. Während die Migrationskrise von 2015 die Unterschiede zwischen den Mitgliedsstaaten deutlich gemacht hat, ist es bisher nicht gelungen, eine gemeinsame europäische Migrationspolitik zu entwickeln. Deutschland, das eine zentrale Rolle bei der Aufnahme von Flüchtlingen gespielt hat, steht hier vor der Herausforderung, einerseits Solidarität innerhalb der EU zu fördern und andererseits die eigene Bevölkerung zu beruhigen, die oft das Gefühl hat, überproportional belastet zu werden. Eine stärkere Zusammenarbeit in der Asylpolitik, die Lasten gerechter verteilt und gleichzeitig die Außengrenzen der EU effektiver schützt, könnte ein Schritt in die richtige Richtung sein. Deutschland könnte hier als Vermittler auftreten, um einen Kompromiss zwischen den Interessen der südlichen, östlichen und nördlichen Mitgliedsstaaten zu finden.

Schließlich wird die Klimapolitik eine entscheidende Rolle dabei spielen, wie Deutschland und die EU ihre Zukunft gestalten. Die EU hat sich ambitionierte Klimaziele gesetzt, doch deren Umsetzung erfordert erhebliche Investitionen und politische Entschlossenheit. Deutschland, als eine der führenden Industrienationen, könnte hier als Vorreiter agieren, indem es Innovationen im Bereich der erneuerbaren Energien vorantreibt und anderen Mitgliedsstaaten hilft, ihre Wirtschaften klimafreundlicher zu gestalten. Dies würde nicht nur die Glaubwürdigkeit der EU als globaler Klimapionier stärken, sondern auch die europäische Wirtschaft in zukunftsweisende Technologien transformieren.

Zusammenfassend lässt sich sagen, dass Deutschlands Rolle in der EU sowohl von Chancen als auch von Herausforderungen geprägt ist. Das Land profitiert enorm von der Union, muss jedoch auch die Erwartungen anderer Mitgliedsstaaten und die internen Spannungen innerhalb der EU bewältigen. Die Zukunft der EU hängt maßgeblich davon ab, ob Deutschland bereit ist, eine aktive und visionäre Rolle zu übernehmen, die sowohl die eigenen Interessen als auch die Bedürfnisse Europas im Blick behält. In einer Welt, die immer stärker von Konkurrenz und Unsicherheiten geprägt ist, wird Deutschlands Fähigkeit, Brücken zu bauen und Führungsverantwortung zu übernehmen, entscheidend für den Erfolg der EU sein.

Deutschland steht vor tiefgreifenden Herausforderungen, die eine Neuausrichtung in nahezu allen Bereichen erfordern. Die wirtschaftliche Transformation, die Stärkung der sozialen Sicherheit und der Zusammenhalt der Gesellschaft sind zentrale Aufgaben, um das Land aus der Krise zu führen. Diese Herausforderungen sind keine abstrakten Probleme, sondern betreffen die Lebensrealität der Menschen direkt – sei es durch stagnierende Löhne, einen überlasteten Arbeitsmarkt oder das Gefühl, dass der Staat nicht mehr effizient funktioniert. Gleichzeitig bieten diese Schwierigkeiten die Möglichkeit, Deutschland durch mutige Reformen nicht nur zu stabilisieren, sondern zukunftsfähig zu machen.

Ein zentraler Hebel zur Bewältigung der Krise ist die Modernisierung der deutschen Wirtschaft. Deutschland muss sich von seiner übermäßigen Abhängigkeit von traditionellen Industrien wie der Automobilbranche lösen und stärker in zukunftsträchtige Technologien investieren. Der Maschinenbau, die Chemieindustrie und die Biotechnologie haben das Potenzial, Deutschland in neuen Wachstumsmärkten zu positionieren. Doch dafür braucht es eine aktive Industriepolitik, die Forschung und Entwicklung gezielt fördert. Gleichzeitig müssen Unternehmen entlastet werden, insbesondere durch den Abbau bürokratischer Hürden und eine Reform des Steuerrechts. Mittelständische Betriebe, die das Rückgrat der deutschen Wirtschaft bilden, benötigen mehr Unterstützung, um sich international zu behaupten und ihre Innovationskraft auszubauen.

Ein weiteres zentrales Thema ist die Digitalisierung, die nicht nur als technologische Herausforderung, sondern als gesellschaftliche Querschnittsaufgabe betrachtet werden muss. Deutschland hinkt in vielen Bereichen hinterher, von der digitalen Infrastruktur über die Bildung bis hin zur Verwaltung. Der schleppende Ausbau des Breitbandnetzes und die mangelhafte Ausstattung von Schulen mit digitalen Mitteln sind Symptome eines größeren Problems: der fehlenden politischen Priorisierung. Eine umfassende Digitalstrategie, die sowohl die Infrastruktur als auch die Kompetenzen der Bürger fördert, könnte die Grundlage für neue Arbeitsplätze, effizientere Prozesse und eine stärkere internationale Wettbewerbsfähigkeit schaffen. Deutschland muss dabei auch die Chancen der Automatisierung und der künstlichen Intelligenz nutzen, um Arbeitsplätze zu sichern und die Produktivität zu steigern. Besonders wichtig ist, dass der Staat eine aktive Rolle übernimmt, um sicherzustellen, dass der digitale Fortschritt allen Bürgern zugutekommt und keine neuen sozialen Ungleichheiten schafft.

Der soziale Zusammenhalt ist ein weiterer entscheidender Faktor, um das Land aus der Krise zu führen. Deutschland steht vor dem Problem, dass die Kluft zwischen verschiedenen gesellschaftlichen Gruppen wächst – sei es zwischen Stadt und Land, Alt und Jung oder Arm und Reich. Diese Polarisierung gefährdet nicht nur den sozialen Frieden, sondern auch die wirtschaftliche Stabilität. Investitionen in Bildung, Gesundheitsversorgung und soziale Sicherheit sind notwendig, um die Lebensverhältnisse in benachteiligten Regionen zu verbessern und allen Bürgern eine Perspektive zu bieten. Besonders in ländlichen Gebieten, die unter Abwanderung und dem Rückgang der Infrastruktur leiden, muss der Staat eine aktivere Rolle übernehmen, um die Gleichwertigkeit der Lebensverhältnisse zu sichern. Auch der Fachkräftemangel könnte durch eine gezielte Förderung von benachteiligten Gruppen, wie Migranten oder Langzeitarbeitslosen, gemildert werden.

Die Frage, welche politische Kraft am besten geeignet ist, Deutschland durch diese Transformation zu führen, hängt stark von den jeweiligen Prioritäten ab. Die SPD könnte eine zentrale Rolle spielen, wenn es darum geht, den sozialen Ausgleich zu fördern und die Transformation des Arbeitsmarktes sozialverträglich zu gestalten. Ihre Nähe zu Gewerkschaften und Arbeitnehmern könnte helfen, notwendige Reformen im Konsens mit der Bevölkerung umzusetzen. Allerdings steht die Partei vor der Herausforderung, ihre wirtschaftspolitische Kompetenz wieder stärker zu profilieren und sich klarer von anderen Parteien abzugrenzen.

Die CDU/CSU bietet traditionell eine hohe wirtschaftspolitische Kompetenz und könnte eine wichtige Rolle bei der Modernisierung der Industrie und der Entlastung von Unternehmen spielen. Ihre Stärke liegt in ihrem pragmatischen Ansatz und ihrer Fähigkeit, breite gesellschaftliche Gruppen anzusprechen. Allerdings hat die Union in der Vergangenheit gezeigt, dass sie oft zögerlich handelt, wenn es um tiefgreifende Reformen geht. Gerade in der Digitalisierung und der Verwaltungsmodernisierung hat sie ihre Verantwortung als Regierungspartei nicht ausreichend wahrgenommen.

Die FDP könnte mit ihrem Fokus auf Innovation und Unternehmertum wichtige Impulse für die wirtschaftliche Modernisierung und Digitalisierung setzen. Ihre Stärken liegen in ihrem klaren Bekenntnis zu Marktwirtschaft und individueller Freiheit. Gleichzeitig wird die Partei oft dafür kritisiert, soziale Aspekte zu vernachlässigen, was ihre Fähigkeit einschränken könnte, eine breite Unterstützung in der Bevölkerung zu mobilisieren.

Eine Koalition aus CDU/CSU und FDP könnte die Wirtschaftskompetenz stärken und gleichzeitig den Fokus auf Digitalisierung und Innovation legen. Entscheidend wird sein, dass die nächste Regierung mutig handelt und eine langfristige Vision für Deutschlands Zukunft entwickelt, die über kurzfristige parteipolitische Interessen hinausgeht.

Zusammenfassend lässt sich sagen, dass Deutschland die Mittel und Möglichkeiten hat, die gegenwärtigen Krisen zu bewältigen und als wirtschaftlich und gesellschaftlich starkes Land in die Zukunft zu gehen. Doch dies erfordert eine klare politische Führung, die bereit ist, schwierige Entscheidungen zu treffen und das Land auf den Wandel vorzubereiten. Die nächste Regierung wird eine Schlüsselrolle dabei spielen, ob Deutschland diese Chance ergreift oder im internationalen Wettbewerb zurückfällt.

Ein zentraler Hebel, um Deutschland aus der Krise zu führen, ist die grundlegende Reform der Verwaltung. Die deutsche Bürokratie, lange Zeit ein Synonym für Zuverlässigkeit und Ordnung, ist in vielen Bereichen zu einem Bremsklotz geworden. Komplexe Genehmigungsverfahren, eine zersplitterte Zuständigkeit zwischen Bund, Ländern und Kommunen sowie der langsame Einsatz digitaler Technologien erschweren nicht nur die Umsetzung wichtiger Projekte, sondern auch den Alltag von Unternehmen und Bürgern. Eine radikale Verwaltungsmodernisierung, die auf Vereinfachung, Effizienz und Digitalisierung abzielt, könnte einen enormen Schub für Wirtschaft und Gesellschaft bedeuten. Beispiele aus anderen Ländern wie Dänemark oder Estland zeigen, dass es möglich ist, eine moderne Verwaltung zu schaffen, die den Menschen dient, anstatt sie zu belasten. Ein zentrales Ziel sollte dabei sein, den Zugang zu staatlichen Leistungen und die Interaktion mit Behörden so unkompliziert und bürgernah wie möglich zu gestalten.

Ein weiterer Schlüsselbereich, um Deutschlands Zukunft zu sichern, ist das Bildungssystem. Bildung ist nicht nur ein individueller Faktor für sozialen Aufstieg, sondern auch die Grundlage für die Innovationsfähigkeit eines Landes. Doch das deutsche Bildungssystem ist in vielen Bereichen veraltet und nicht ausreichend auf die Anforderungen der modernen Arbeitswelt ausgerichtet. Besonders in der digitalen Bildung gibt es große Defizite. Während andere Länder wie Finnland oder Singapur ihre Schüler systematisch auf die Nutzung und Entwicklung digitaler Technologien vorbereiten, fehlen in Deutschland oft die technischen Mittel und die pädagogischen Konzepte. Eine umfassende Bildungsreform, die digitale Kompetenzen, lebenslanges Lernen und die Förderung von Kreativität in den Mittelpunkt stellt, könnte entscheidend dazu beitragen, Deutschlands Innovationskraft zu stärken. Gleichzeitig muss das Bildungssystem gerechter werden, um die soziale Mobilität zu fördern und das Potenzial aller Schüler auszuschöpfen – unabhängig von ihrer sozialen oder geografischen Herkunft.

Die internationale Dimension spielt ebenfalls eine wichtige Rolle für Deutschlands Weg aus der Krise. In einer globalisierten Welt kann kein Land allein erfolgreich sein. Deutschland muss seine internationalen Partnerschaften stärken, um in einer zunehmend multipolaren Welt bestehen zu können. Besonders die Europäische Union bietet eine wichtige Plattform, um Herausforderungen wie die Digitalisierung, den Fachkräftemangel oder die

Sicherung globaler Lieferketten gemeinsam anzugehen. Gleichzeitig muss Deutschland strategische Allianzen außerhalb Europas aufbauen, etwa mit aufstrebenden Wirtschaftsnationen wie Indien oder Brasilien. Diese Partnerschaften könnten nicht nur neue wirtschaftliche Möglichkeiten eröffnen, sondern auch dazu beitragen, Deutschlands Abhängigkeit von problematischen Handelspartnern wie China zu reduzieren.

Eine weitere Chance für Deutschland liegt in der Förderung gesellschaftlicher Innovationen. Die großen Herausforderungen unserer Zeit – vom demografischen Wandel bis zur Transformation der Arbeitswelt – erfordern nicht nur technische, sondern auch soziale Lösungen. Deutschland könnte Vorreiter bei der Entwicklung neuer Formen des Zusammenlebens und Arbeitens werden. Pilotprojekte wie Co-Living-Konzepte, neue Ansätze in der Pflege oder Modelle für die Integration von Migranten könnten dazu beitragen, gesellschaftliche Herausforderungen nicht nur zu bewältigen, sondern in Chancen zu verwandeln. Besonders die Zivilgesellschaft und soziale Start-ups spielen hierbei eine wichtige Rolle, da sie oft schneller und flexibler auf neue Herausforderungen reagieren können als staatliche Institutionen.

Auch die Stärkung des Mittelstands ist ein entscheidender Faktor für Deutschlands Zukunft. Während große Konzerne oft über die Ressourcen verfügen, um sich in einer globalisierten und digitalisierten Welt zu behaupten, stehen viele mittelständische Unternehmen vor erheblichen Herausforderungen. Eine gezielte Mittelstandspolitik, die den Zugang zu Finanzierung erleichtert, den Abbau von Bürokratie vorantreibt und Innovationen fördert, könnte dazu beitragen, diese Unternehmen zu stärken. Besonders wichtig ist es, die Verbindung zwischen Mittelstand und Forschungseinrichtungen zu intensivieren, um den Transfer von Wissen und Technologien zu erleichtern. Gleichzeitig könnten Netzwerke und Cluster geschaffen werden, die es mittelständischen Unternehmen ermöglichen, von den Stärken der Gemeinschaft zu profitieren und ihre internationale Wettbewerbsfähigkeit zu erhöhen.

Die gesellschaftliche Resilienz ist ein weiterer Aspekt, der in der Debatte oft vernachlässigt wird, aber von entscheidender Bedeutung ist. Deutschland muss in der Lage sein, auf Krisen flexibel und entschlossen zu reagieren, sei es bei wirtschaftlichen Herausforderungen, geopolitischen Spannungen oder gesellschaftlichen Umbrüchen. Diese Resilienz erfordert nicht nur eine handlungsfähige Regierung, sondern auch eine starke Zivilgesellschaft, die bereit ist, Verantwortung zu übernehmen. Programme zur Förderung von bürgerschaftlichem Engagement, der Aufbau lokaler Netzwerke und die Stärkung von Institutionen wie Gewerkschaften, Kirchen und Vereinen könnten dazu beitragen, die Widerstandsfähigkeit der Gesellschaft zu erhöhen.

Schließlich ist die Frage der politischen Führung entscheidend. Deutschland braucht eine Regierung, die nicht nur reagiert, sondern proaktiv handelt und eine klare Vision für die Zukunft entwickelt. Die ideale politische Führung wäre eine, die die Stärken verschiedener Parteien kombiniert: die wirtschaftspolitische Kompetenz der CDU/CSU, die Innovationsorientierung der FDP, die soziale Gerechtigkeit der SPD und die Zukunftsvision der Grünen. Diese Mischung könnte eine Regierung hervorbringen, die sowohl die dringenden Herausforderungen angeht als auch langfristige Perspektiven eröffnet. Entscheidend wird sein, dass die Politik bereit ist, über Parteigrenzen hinweg zu kooperieren und den Mut zu haben, auch unpopuläre Entscheidungen zu treffen, die jedoch im Interesse des Landes notwendig sind.

Zusammenfassend lässt sich sagen, dass Deutschland vor einer historischen Chance steht. Die gegenwärtige Krise bietet nicht nur Herausforderungen, sondern auch die Möglichkeit, das Land grundlegend zu erneuern und für die Zukunft zu stärken. Mit einer klaren Strategie, mutigen Reformen und einer aktiven politischen Führung könnte Deutschland nicht nur die Krise überwinden, sondern als Vorbild für andere Länder in eine neue Ära starten.

Deutschland befindet sich an einem Wendepunkt, an dem die Fähigkeit, sich neu zu erfinden, entscheidend für den zukünftigen Erfolg des Landes ist. Eine der größten Chancen liegt in der Innovationskraft, die das Land mobilisieren könnte. Innovation war schon immer ein Kernbestandteil der deutschen Wirtschaft, doch in den letzten Jahren hat das Tempo nachgelassen. Besonders in zukunftsträchtigen Bereichen wie künstlicher Intelligenz, Quantencomputing und Biotechnologie hat Deutschland den Anschluss an internationale Spitzenreiter verloren. Eine gezielte Innovationspolitik könnte dies ändern. Deutschland muss nicht nur mehr in die Grundlagenforschung investieren, sondern auch den Übergang von der Forschung in die Anwendung erleichtern. Technologieparks, Innovationszentren und staatlich geförderte Programme könnten dazu beitragen, dass neue Ideen schneller auf den Markt kommen.

Gleichzeitig sollten private Investitionen in Forschung und Entwicklung durch steuerliche Anreize gefördert werden, um die Rolle der Industrie als Motor der Innovation zu stärken.

Eine zentrale Herausforderung, die gleichzeitig eine Chance darstellt, ist der demografische Wandel. Die alternde Bevölkerung wird oft als Belastung dargestellt, doch sie bietet auch die Möglichkeit, neue Modelle der Arbeit und des Zusammenlebens zu entwickeln. Ältere Arbeitnehmer könnten durch gezielte Weiterbildungsprogramme länger im Arbeitsmarkt gehalten werden, was nicht nur dem Fachkräftemangel entgegenwirkt, sondern auch wertvolle Erfahrung und Know-how in den Unternehmen bewahrt. Gleichzeitig könnte die Integration von Migranten, die oft mit großen bürokratischen Hürden und mangelnden Anerkennungsverfahren ihrer Qualifikationen konfrontiert sind, dazu beitragen, die Arbeitsmarktprobleme zu entschärfen. Eine aktive Zuwanderungspolitik, die qualifizierte Arbeitskräfte gezielt anwirbt und ihnen eine schnelle Integration ermöglicht, könnte Deutschland in einer Welt, die von einem globalen Wettbewerb um Talente geprägt ist, einen entscheidenden Vorteil verschaffen.

Der globale Wettbewerb spielt auch in einer anderen Hinsicht eine entscheidende Rolle. Deutschland muss seine Position als internationaler Handelspartner stärken und gleichzeitig seine Abhängigkeit von einzelnen Märkten verringern. Die Konzentration auf Länder wie China hat zwar wirtschaftliche Vorteile gebracht, birgt jedoch erhebliche Risiken, wie die jüngsten geopolitischen Spannungen gezeigt haben. Eine Diversifizierung der Handelsbeziehungen, etwa durch intensivere Kooperationen mit Ländern in Afrika, Lateinamerika oder Südostasien, könnte dazu beitragen, diese Abhängigkeiten zu verringern. Gleichzeitig sollte Deutschland stärker auf europäische Partnerschaften setzen, um die EU als wirtschaftlichen Block zu stärken. Eine engere Zusammenarbeit in Bereichen wie Forschung, Digitalisierung und Verteidigung könnte nicht nur die Position Europas auf der Weltbühne stärken, sondern auch Deutschland mehr Sicherheit und Stabilität bieten.

Auch der Arbeitsmarkt bietet Chancen für eine grundlegende Erneuerung. Die Digitalisierung und Automatisierung könnten genutzt werden, um Arbeitsprozesse effizienter zu gestalten und gleichzeitig neue Arbeitsplätze in zukunftsorientierten Branchen zu schaffen. Doch um diese Chancen zu nutzen, braucht es ein umfassendes Programm zur Weiterbildung und Umschulung der Arbeitnehmer. Viele Menschen, die in traditionellen Industrien tätig sind, haben Angst vor den Veränderungen, die der technologische Wandel mit sich bringt. Diese Ängste müssen ernst genommen werden, indem ihnen Perspektiven und Unterstützung geboten werden. Ein nationales Weiterbildungsprogramm, das vom Staat und der Wirtschaft gemeinsam getragen wird, könnte sicherstellen, dass niemand im Transformationsprozess zurückgelassen wird.

Ein weiterer Bereich, der oft unterschätzt wird, ist die Stärkung der gesellschaftlichen Innovationskraft. Die großen Herausforderungen des 21. Jahrhunderts erfordern nicht nur technische Lösungen, sondern auch neue soziale und kulturelle Ansätze. Deutschland könnte Vorreiter bei der Entwicklung innovativer Modelle des Zusammenlebens werden, etwa durch neue Konzepte für Generationenwohnen, die Integration von Migranten oder die Förderung lokaler Gemeinschaften. Diese Ansätze könnten nicht nur gesellschaftliche Spannungen verringern, sondern auch neue Formen der Solidarität und Kooperation schaffen, die das Land widerstandsfähiger gegenüber zukünftigen Krisen machen.

Die internationale Dimension ist ebenfalls entscheidend. Deutschland hat als eine der führenden Volkswirtschaften der Welt die Möglichkeit, globale Standards mitzugestalten. Ob es um Handelsregeln, digitale Regulierung oder Arbeitsrechte geht – Deutschland könnte seine Position nutzen, um internationale Vereinbarungen voranzutreiben, die sowohl den eigenen Interessen als auch globalen Herausforderungen gerecht werden. Eine aktive Außenwirtschaftspolitik, die auf Partnerschaften und Kooperationen setzt, könnte dazu beitragen, die wirtschaftliche Basis Deutschlands zu stärken und gleichzeitig seinen Einfluss in einer immer stärker vernetzten Welt zu sichern.

Nicht zuletzt sollte Deutschland auch die Rolle von Start-ups und Unternehmertum stärker fördern. Junge Unternehmen sind oft Treiber von Innovation und Wachstum, doch in Deutschland sehen sie sich mit zahlreichen Hindernissen konfrontiert, von bürokratischen Hürden bis hin zu Schwierigkeiten bei der Finanzierung. Ein Start-up-freundlicheres Umfeld könnte nicht nur dazu beitragen, neue Technologien und Geschäftsmodelle zu entwickeln, sondern auch jungen Talenten eine Perspektive bieten und die Attraktivität Deutschlands als Standort für kreative Köpfe erhöhen. Die Zusammenarbeit zwischen etablierten Unternehmen und Start-ups, etwa in Form von Innovationspartnerschaften oder Corporate Incubators, könnte zudem dazu beitragen, die Stärken beider Welten zu kombinieren.

Zusammenfassend lässt sich sagen, dass Deutschland trotz seiner aktuellen Herausforderungen über enorme Potenziale verfügt. Mit einem klaren Fokus auf Innovation, Digitalisierung, Bildung und internationale Partnerschaften könnte das Land nicht nur die Krise überwinden, sondern auch seine Stellung als führende Industrienation festigen. Doch dies erfordert Mut, Entschlossenheit und eine politische Führung, die bereit ist, über den Tag hinauszudenken und das Land auf eine nachhaltige Zukunft auszurichten.

## Schluss: Ein Land im Aufbruch – Deutschlands Zukunft in einer neuen Ära

Deutschland steht an einem Scheideweg. Die Herausforderungen der Gegenwart – wirtschaftlicher Strukturwandel, technologische Rückständigkeit, soziale Spannungen und geopolitische Unsicherheiten – mögen überwältigend wirken, doch sie bergen auch eine große Chance. Sie zwingen das Land dazu, sich neu zu erfinden und grundlegende Fragen zu beantworten: Wer wollen wir in der Welt sein? Welche Werte wollen wir vertreten? Und wie schaffen wir es, Wohlstand, Gerechtigkeit und Innovation miteinander zu vereinen?

Die Geschichte zeigt, dass Deutschland in der Lage ist, Krisen in Chancen zu verwandeln. Nach dem Zweiten Weltkrieg schuf das Land mit dem „Wirtschaftswunder" eine der erfolgreichsten Volkswirtschaften der Welt. Nach der Wiedervereinigung bewältigte es eine der größten gesellschaftlichen und wirtschaftlichen Transformationen in seiner Geschichte. Diese Erfolge waren nur möglich, weil es den Mut gab, neue Wege zu gehen, und eine Gesellschaft, die bereit war, diese Veränderungen mitzutragen. Auch heute wird Deutschland diesen Mut brauchen, um die Herausforderungen des 21. Jahrhunderts zu meistern.

Zentrale Hebel für die Zukunft sind die Modernisierung der Wirtschaft, eine konsequente Digitalisierung, die Stärkung der sozialen Sicherheit und der gesellschaftliche Zusammenhalt. Dabei darf es jedoch nicht nur um technische oder wirtschaftliche Maßnahmen gehen. Es geht darum, ein neues Selbstverständnis zu entwickeln, das Innovation und Tradition verbindet, die Menschen einbindet und eine Vision für die Zukunft vermittelt. Deutschland hat die Chance, nicht nur Vorreiter in neuen Technologien und Arbeitsmodellen zu sein, sondern auch ein Vorbild für sozialen Ausgleich und demokratische Stabilität.

Die politische Landschaft wird dabei eine entscheidende Rolle spielen. Keine Partei wird allein in der Lage sein, die notwendigen Reformen durchzusetzen. Es wird auf die Fähigkeit zur Zusammenarbeit ankommen, auf den Mut, alte Denkmuster zu überwinden, und auf die Bereitschaft, Entscheidungen zu treffen, die nicht immer populär, aber langfristig notwendig sind. Eine Politik, die auf Konsens und Vision gleichermaßen setzt, wird der Schlüssel sein, um das Land aus der Krise zu führen.

Doch die Politik allein wird es nicht richten können. Es braucht eine engagierte Gesellschaft, die bereit ist, sich einzubringen und Verantwortung zu übernehmen. Unternehmen, zivilgesellschaftliche Organisationen und Einzelpersonen spielen eine zentrale Rolle, um den Wandel aktiv mitzugestalten. Bildung, Innovation und Solidarität sind die Werte, die Deutschland in eine erfolgreiche Zukunft tragen können.

Der Weg wird nicht einfach sein, und er wird Opfer verlangen. Doch Deutschland hat alles, was es braucht, um diese Herausforderung zu meistern: eine starke Wirtschaft, kreative Köpfe, eine lebendige Demokratie und eine Gesellschaft, die in der Vergangenheit gezeigt hat, dass sie bereit ist, über sich hinauszuwachsen. Es ist an der Zeit, diese Stärken zu mobilisieren und das Land auf einen neuen Kurs zu bringen – einen Kurs, der nicht nur Wohlstand sichert, sondern auch eine gerechtere und nachhaltigere Gesellschaft schafft.

Die nächsten Jahre werden entscheidend sein. Sie bieten die Möglichkeit, Fehler der Vergangenheit zu korrigieren und die Weichen für die Zukunft zu stellen. Deutschland kann gestärkt aus der Krise hervorgehen, wenn es jetzt handelt – mit Mut, Vision und einem klaren Blick auf das, was wirklich zählt. Die Chance ist da. Es liegt an uns allen, sie zu ergreifen.

www.ingramcontent.com/pod-product-compliance
Lightning Source LLC
Chambersburg PA
CBHW072246260726
48659CB00004BA/1394